QU'EST-CE QUE LA POLITESSE ?

CHEMINS PHILOSOPHIQUES

Collection dirigée par Roger POUIVET

Michel MALHERBE

QU'EST-CE QUE LA POLITESSE ?

Paris

LIBRAIRIE PHILOSOPHIQUE J. VRIN

6, place de la Sorbonne, V^e

2008

© *Librairie Philosophique J. VRIN,* 2008

Imprimé en France

ISSN 1762-7184

ISBN 978-2-7116-1972-6

www.vrin.fr

QU'EST-CE QUE LA POLITESSE ?

DE LA SAUVAGERIE
QUE FAIRE ?

Les corps sont encombrants : ils ont un volume, ils prennent de la place. S'ils sont vivants, ils respirent, se nourrissent, se reproduisent. S'ils sont animés, ils se meuvent, ils agrippent, ils étendent leur puissance et défendent leur territoire. S'ils abritent une âme, alors leurs mouvements et leurs actions sont mus par des passions et par des intentions. Et si cette âme est pourvue de raison, ces passions et ces intentions se changent en calculs, en conquêtes. Tout cela additionné fait un individu et, quand l'âme s'exprime, un Soi.

Un individu se sait unique, mais il se sait aussi membre de son espèce ; il survivra difficilement, s'il est séparé de ses semblables. Un Soi se sait singulier ; il s'aime lui-même, il n'a que faire d'admettre d'autres Soi.

Malgré leur solidité, les corps sont soumis à l'usure et à la destruction ; ils ne savent pas se défendre. Le vivant, lui, est capable de renouveler sa substance et de reproduire son organisation, mais sa faiblesse est évidente : il ne peut vivre de lui-même, il a des besoins qui le tournent vers ce qu'il n'est pas. Et pourtant la satisfaction le ramène à lui-même. Il lui faut donc plus qu'un territoire ; il faut que, remplissant ce territoire, il s'approprie et possède : son appétit est insatiable, il y va de sa vie. Mais l'adversité contrarie ses désirs et le prive de son plaisir, il reste sur sa faim. Or, cette possession lui est indispensable : on ne peut lui interdire tout espèce d'avoir, ce serait causer sa perte. D'autant que ses besoins sont exacerbés par ses passions et qu'il ne lui suffit plus d'être satisfait : il lui faut convoiter ou rejeter, craindre ou espérer, exiger ou se résigner. D'autant qu'aux passions de l'acquisition se joignent celles de la satisfaction : la gourmandise, la luxure, l'ascèse. Sans compter également les passions qui s'impatientent du retard d'autrui à satisfaire le Soi : la colère, la jalousie, et d'autres affections violentes. Le Soi est alors entré dans le monde des valeurs ; et, sans conteste, la première de ces valeurs est au Soi le Soi lui-même. Mais ainsi mû il n'échappe pas à la plus cruelle des contradictions. S'il n'était que le Soi des conquêtes, il serait grand ou petit, il serait fier ou modeste, heureux ou malheureux, mais il s'appartiendrait. Mais il se donne de la valeur ; or il n'est de valeur que concédée ou reconnue. Et par d'autres Soi, tous occupés de leur propre importance. Il ne s'appartient plus. Tragique nécessité que de subordonner sa propre estime aux hommages reçus ! Cruelle condition que de devoir tout son honneur à la considération d'autrui et de ne pouvoir jouir de soi que par la louange ou la flatterie ! Rousseau a tort : l'amour-propre est indispensable au Soi, lorsqu'il s'aime. Mais quel gain prodigieux : honorez ma valeur, reconnaissez mon droit, accordez-moi dignité et auto-rité. Je suis alors un roi, l'on n'est jamais si important qu'en étant considéré, l'on n'est jamais si puissant que sous le regard des autres.

Or la nature est parcimonieuse, l'espace est restreint, et les biens disponibles sont en trop petit nombre. Il faut lutter, être

plus vif, plus fort, plus rapide. Je vous propose un principe :
que le meilleur gagne ! Mais on n'est le meilleur qu'un temps
ou tant qu'on est reconnu comme le meilleur, mais pas davantage. « La valeur ou l'importance d'un homme, disait l'auteur
du *Léviathan*, c'est comme pour tout autre objet, son prix
c'est-à-dire ce qu'on donnerait pour disposer de son pouvoir »[1].
Chacun *est* son prix. Voilà une conséquence dont on se serait
bien passé. Que faire ? Faut-il donc, contre Hobbes, recomposer
l'image de l'homme en des termes plus avantageux ?

— Votre raisonnement est pipé, me dit-on : vous avez
commencé par les corps et fait de la vie, de la passion et du Soi
un attribut de ces corps. Le matérialisme conduit à l'égoïsme,
cela est bien connu.

— Les corps ne manquent pas de douceur, je le concède,
ni de grâce naturelle dans leurs gestes, et ils nourrissent dans
leur chair une sorte de générosité. Les passions, quoique indestructibles, ont leur rythme propre : elles sont tantôt faiblesse,
tantôt ravissement. Elles se heurtent, se contrarient, mais il
arrive que par un effet sympathique elles s'accordent, lors
même qu'elles sont opposées. Cédez à leur influence, elles
deviennent plus douces et plus tranquilles : on peut en jouer ou
en tirer une musique. Quant au Soi, la chose est plus délicate.
Puisqu'il aime qu'on lui rende honneur, empressons-nous de
flatter sa vanité plus qu'il ne peut le souhaiter et, à cette fin,
érigeons-le en sujet de droit, en un absolu qui ne serait lié par
rien ni par personne et qui a le droit de n'être lié par rien, pas
même par un devoir, ni par personne, pas même par un autre
homme. Ainsi promu, il s'apaise quelque peu, le temps de jouir

---

1. Hobbes, *Léviathan*, trad. fr. F. Tricaud, Paris, Sirey, 1971, chap. X.

de cet hommage. Mais on n'échappe pas à Hobbes : ce droit qui est reconnu au Soi est contradictoire, car il faudrait compter autant de petits absolus, tous forts de leur droit à faire valoir leur droit. Pire qu'une cacophonie : la guerre de tous contre tous, au nom du droit. Si au nom de son droit vous donnez à chacun l'entière disposition de son corps, et trouvez du génie dans le moindre de ses mouvements ou de ses passions, si vous glorifiez le Soi jusqu'à faire de sa liberté un principe et de son existence une vertu, craignez le pire, je veux dire craignez la sauvagerie.

— Vous persistez, me dit-on. Commencez donc par le Soi, approfondissez-le et vous verrez que c'est un *Nous*.

— Excellent, répondrai-je, vous commencez par le monde constitué – un monde déjà aménagé par la morale et la civilité ; le problème est résolu avant d'être posé. Mais entrez dans cet espace contraint qu'est un tramway à l'heure de pointe : vous avez affaire à des corps, vous ne pouvez le nier, et il vous faut d'abord trouver un minimum d'espace respirable ; eux-mêmes respirent, ils transpirent de fatigue ; le gamin, juste à côté de vous, a sa zizique rap plein les oreilles, ce qui vous en vaut les harmoniques ; et les portables causent à qui mieux mieux ; chacun s'est renfermé en lui-même ; et, sans être vraiment hostile, l'atmosphère est rien moins qu'amicale. Mais imaginez ceci qui s'est vraiment passé. Une vieille dame monte ; un jeune se lève et lui laisse son siège. La vieille dame le remercie, lui dit que ce n'est pas si fréquent et se met à chanter le *Temps des cerises*. D'abord, c'est un étonnement réservé, puis, la voix de la vieille dame s'affermissant – elle connaît les paroles, quelques sourires bienveillants se dessinent. Le brouhaha cesse. Le rappeur décolle son oreillette et même les portables finissent par se taire. On n'entend plus que la voix, fragile et émouvante. Et comme chacun connaît vaguement le *Temps des cerises*, tout le tramway se met à fredonner… Est-il bonheur plus rare, pour lequel on donnerait tant de jours d'ennui ? Est-il moment d'une *politesse* plus exquise et d'un plus grand raffinement ! Ah ! La vieille dame descend, elle est applaudie. Ne me dites pas que tous les voyageurs réunis formaient un *Nous* sans le savoir. Ils étaient là, ils s'ignoraient, ils n'avaient rien de commun ; s'ils n'étaient pas agressifs, ils étaient indifférents, ce qui est la forme passive de la sauvagerie. Comment est-on passé, ce jour là, dans le tramway, d'une sauvagerie morose à un état de politesse raffinée ? Comment est-on devenu un « nous » ?

DÉGROSSIR, LIMER, POLIR
DE L'EMPLOI DES RÈGLES

La sauvagerie est la conséquence de la nature. Mettons-y le besoin et les désirs, et l'entière liberté de s'aimer soi-même. Otons en la cruauté, le sauvage est violent, mais il n'est pas cruel. Rousseau veut qu'il soit capable de pitié. Pourquoi pas ? La pitié ne coûte rien. Imaginez encore un improbable état d'abondance. Rien n'y fait, on ne peut vivre en sauvagerie. Que faire ? Tempérer la nature par la nature ? C'est en vain. Faire régner le droit naturel ? C'est donner droit au pire.

Appelons-en à la raison, qui est capable de deux choses : d'une part de représenter les lois morales, d'autre part d'instituer des lois de justice au sein d'un État. Chacun peut lire les premières au fond de sa conscience, en tant qu'il est un agent moral ; et, en tant qu'il est un citoyen, il peut s'instruire des secondes. Et comme ces lois sont pratiques, tous sont appelés à devenir par leur action un moteur pour les rapports humains. Que dit la raison ? Que tout homme doit être respecté en tant que sujet pratique, qu'il est une fin en soi et qu'il faut œuvrer pour une communauté morale ; que la concorde vaut mieux que la discorde et que les membres d'une nation ont intérêt à s'unir et à régler par des lois de justice leurs rapports mutuels, pour accroître leur prospérité et mieux s'armer contre l'ennemi extérieur. Sachant qu'il n'est pas impossible que les corps se laissent gouverner jusqu'à un certain point, que les passions puissent être emportées par des élans sublimes et généreux, ou du moins être canalisées, et que le Soi, saisi de respect ou de crainte, parvienne à se déprendre un instant de lui-même pour considérer dans toute leur universalité les préceptes de la moralité et les exigences de l'intérêt général – concédant tout cela, supposons un instant que la raison soit capable de commander à la nature.

Or, la raison ne peut avoir d'action propre qu'en tant qu'elle oblige ; et elle n'oblige qu'en tant que, par un artifice qui est un coup d'audace, elle tire de sa propre représentation le fondement d'une telle obligation : c'est par elle-même qu'elle commande le devoir et la justice. Et prétend-elle : s'il est vrai qu'on ne peut interdire l'aspiration au bonheur, une aspiration qui trouve en chacun sa légitimité naturelle, cette aspiration néanmoins ne sera satisfaite qu'à la condition d'une conduite vertueuse et d'une vie exemplaire, au sein d'une communauté dont tous les rapports seront régis par le devoir ; s'il est vrai, de plus, que la satisfaction des besoins a quelque légitimité vitale, cette satisfaction ne sera obtenue qu'à la condition qu'il y ait, en application de lois civiles énonçant l'intérêt général, une juste répartition des biens de subsistance et de commodité (n'allons pas jusqu'au luxe).

Cela est admirable. Mais entre l'obligation et l'action, il y a une grande distance. La poésie et la philosophie sont remplies d'aimables utopies où la vertu et la justice règnent de concert. Le problème n'est pas dans l'obligation qui est attachée à la loi, mais dans l'obéissance de celui qui se soumet à la loi. Et comme Hobbes l'observait finement, la loi civile peut tout commander en tant que loi, sauf l'obéissance, laquelle ne sera jamais son objet[1]. Elle peut dire : *tu dois faire ceci ou cela*, mais non : *je t'ordonne d'obéir*. Que le commandement vienne de l'intérieur n'y change rien. Telle est la faiblesse constitutive de la loi.

Or obéir, c'est plier le genou, réfréner ses passions, humilier le Soi ; en un mot, c'est se soumettre. Et se soumettre, c'est renoncer à la puissance qu'on a. Et, comme le Soi a sa racine dans la Vie, qui est toujours la vie d'un vivant singulier et qui sait bien que la mort l'emportera un jour, il faut que la Vie, renonçant à sa puissance, consente à la raison, tant morale que civile. Mais comment obtenir un tel renoncement ? Le Soi est rebelle, il a une inépuisable capacité de résistance et, si d'aventure il se soumet, ce ne sera pas sans mauvaise volonté.

Appelons l'amour de Soi *sensibilité* et le Soi *subjectivité empirique* et voyons la réponse de Kant. Dans l'action morale, nous dit le philosophe allemand, et donc dans l'autonomie, la conscience morale, ne connaissant que l'unité pratique du devoir et de la liberté, ne saurait écouter la voix de la sensibilité qui est celle de l'intérêt. Soit ! Ce point est de taille, mais admettons-le. Cela dit, il ne faudrait pas que dans son action le sujet moral laisse derrière lui une partie de lui-même ou que son attelage tire à hue et à dia. Or, comme la sensibilité ne peut être anéantie, il est indispensable qu'elle collabore, fût-ce de mauvaise grâce. Et elle le fait, poursuit imperturbablement l'auteur de la *Critique de la raison pratique*, par ce sentiment

---

1. Hobbes, *Léviathan*, chap. XXX, p. 358.

biface qu'est le respect : la loi morale impressionne tant la sensibilité par la dignité et l'autorité de ses commandements qu'elle l'humilie jusque dans la poursuite de ses fins empiriques et lui inspire le plus grand respect pour ce qui la dépasse, je veux dire les fins objectives de la moralité. Ainsi, quoique sensible, cette anti-passion plantée au cœur de la sensibilité *est* un sentiment qui *doit* contredire l'amour de soi, un sentiment totalement a priori où se réfléchit la majesté de la loi, laquelle n'est pas aimable ; en telle sorte que, courbée sous la loi morale, la subjectivité empirique ne soit plus que son propre abaissement. L'homme « ne vit plus que par devoir, et non parce qu'il trouve le moindre agrément à vivre » [1] !

Il faut tremper sa plume dans l'encrier des philosophes pour se permettre, sans ciller, pareil propos, je veux dire pareil non-sens ! Faut-il que Kant soit assez infatué de son système pour croire qu'une passion puisse être conclue d'une représentation et qu'un sentiment puisse tirer sa force de la force d'un argument ? Certes, dans le respect il y a quelque chose de réfléchi, mais il y aussi la crainte de ce qui vous tient en respect. Et je doute que la crainte qu'inspire la loi morale, si elle ne s'enracine pas dans l'éducation, dans la réprobation sociale, si elle ne se nourrit pas d'interdits ni ne s'effraie du jugement éternel, ait beaucoup d'efficace. Qui croira vraiment que la sensibilité se laisse impressionner par la gesticulation de la raison pratique ? L'artifice de celle-ci est trop grossier : le Soi est bien plus rusé. Il se fera sournois, il filera doux mais profitera de la moindre occasion. Car, en fait, les passions ont

---

1. Kant, *Critique de la raison pratique*, trad. fr. F. Picavet, Paris, PUF, 1960, p. 93.

déjà déterminé l'esprit avant que celui-ci n'en vienne à réfléchir sur ses règles d'action.

Hobbes, qui le sait bien, offre dans le *Léviathan* une solution politique qui a le mérite de la franchise : on ne domine bien le Soi qu'en le forçant à se soumettre et en lui prouvant que c'est de son intérêt! Il faut donc, conclut le philosophe anglais, que le souverain soit absolu; car, s'il était sous le contrôle de ses sujets, ceux-ci auraient vite fait de revendiquer leur droit primitif et de revenir à leur liberté naturelle. Le souverain est absolu de droit : c'est son caractère rationnel. Il est de fait très puissant, sans être absolument puissant, c'est son caractère réel : car il a assez de pouvoir pour châtier les récalcitrants et écraser les factions. Du moins aussi longtemps que la majorité des citoyens lui obéissent. Et ils lui obéissent pour deux raisons : parce qu'ils sont eux-mêmes des agents rationnels et qu'ils ont fait le calcul qu'il n'y a pas d'autre moyen de sauvegarder la paix civile et de préserver la sécurité extérieure de l'État, de sorte qu'ils considèrent qu'il est raisonnable de leur part de se soumettre; mais aussi parce qu'ils redoutent sa puissance. Mais faut-il que Hobbes soit assez aveugle et assez pressé par son raisonnement pour croire que la crainte et la raison fassent bon ménage dans une âme et que, si la première relâche sa prise, la seconde soit assez forte pour faire valoir ses calculs? Au demeurant, il en doute : les États sont mortels. À la moindre révolte, à la moindre désobéissance, l'état de nature renaît au sein même de l'état civil : si le souverain entretient une relation rationnelle avec ses sujets lorsqu'ils sont dans l'obéissance, il entretient avec eux un rapport naturel de violence, dès lors qu'ils désobéissent. Et le Soi est habile : il fera le calcul qu'il est de son intérêt d'obéir quand ses fins particulières sont servies par l'État et de désobéir à son avantage quand il est sûr de ne pas se faire prendre.

Que faire alors? La raison, en prétendant exercer un pouvoir au nom de sa propre légitimité – pouvoir d'obligation ou force de calcul – la raison a le tort de pousser le Soi aux extrémités. Il sera rebelle. Or, si les hommes doivent vivre ensemble, il faut bien que, de fait, ils aient une conduite passablement morale et qu'ils soient ordinairement assez respectueux des lois civiles. Du moins, la plupart d'entre eux. Il faut que leurs passions soient tempérées et se fassent plus sociables, qu'ils aient des élans d'amitié et de générosité et que, quand la générosité leur fait défaut, ils suivent la pente des lois. Il faut qu'il leur arrive même, dans quelques cas, d'obéir à leur conscience par pur respect de la loi, et d'appliquer les lois de justice par pur sens civique. Avec quelques menus écarts qui ne feront pas d'eux des réprouvés ni des criminels. Comment donc créer chez eux ces habitudes souples et ces mœurs durables qui sont le plus sûr garant de la pérennité des sociétés humaines?

Il faut *polir* la nature humaine, il faut apprendre aux hommes la politesse.

Car la *politesse* est d'abord un polissage. De *pulitezza* en italien, dérivé du latin *politus*, participe passé de *polire*. Polir: dégrossir, équarrir, raboter, arrondir aplanir, fourbir, poncer, lustrer. De la matière, tirer une forme unie, lisse, brillante, ornée, plaisante. Les corps sont massifs et grossiers, il faut leur apprendre à se tenir droit et à se tourner avec élégance; les passions sont âpres et rudes, il faut les assouplir et leur apprendre la mesure. Le Soi est naturellement incommode et rustique, il faut le plier au commerce d'autrui.

Ce polissage demande du temps, le temps d'une éducation pour l'individu, le temps d'une civilisation pour la société, et il demande de la patience, la patience d'une vie ou celle des siècles. Il se fait en partie de lui-même, comme l'habitude fait l'habitude ou comme l'imitation ajoute à l'imitation. Car on ne saurait créer les manières et les mœurs de toute pièce ; on ne saurait non plus changer l'individu par décret. Quant à voir l'individu se changer de lui-même, à force de conscience et de volonté, comme agent moral ou comme citoyen, c'est là, nous l'avons dit, tout le problème. Mais l'homme vit en société, et dans la compagnie de ses semblables il se moralise et se civilise, il se polit. Par friction, frottement et usure.

Pour cela il faut, bien sûr, un instrument, une râpe plus dure que le matériau à travailler, avec de petites pointes aiguës ou des aspérités à bords tranchants. Or, à cette fin, la politesse dispose d'un instrument de choix : elle dispose de la *règle*.

On sait que, pour être efficace, un instrument ne doit pas agir en force, mais respecter le fil du bois, la veine de la pierre. Il en va de même pour la règle qui sera d'autant plus puissante, quand la politesse l'emploie, qu'elle ne sera pas perçue comme une obligation ou comme un obstacle. Puisque son objet est de discipliner le corps, de réguler la passion et de placer le Soi dans une bonne disposition, il lui faut, pour réussir, donner à ces puissances opiniâtres une compensation, sinon une satisfaction. Et c'est pourquoi aux mouvements du corps elle prête l'aisance et la grâce, c'est pourquoi elle infuse dans les passions une émotion délicieuse qui les change en un sentiment de goût, et au Soi elle accorde la rare récompense de la distinction, un des plus grands accomplissements de l'amour-propre. Peut-être, convient-il parfois de l'exprimer et de la rappeler dans une maxime ou dans un code, pour mieux marquer une exigence ou une limite. Mais l'assortir d'une menace ou d'une sanction serait l'affaiblir : il est préférable que, pour sa honte ou son honneur, le Soi estime de lui-même ses comportements et ses conduites. Car la politesse, lorsqu'elle est rendue par devoir, se trahit elle-même. Son intention est trop visible et elle prête à sourire ; son effort est si maladroit qu'on en est tout gêné ; son action manque son but, on l'excuse ou on ne l'excuse pas. Mieux vaudrait encore une innocence rustique que le ridicule. Ainsi, la règle n'est jamais si efficace que lorsque, lui obéissant aveuglément, on s'y soumet spontanément. Et si d'aventure elle rencontre une résistance, il faut la laisser travailler par petits coups patients et discrets. Prenez cette règle simple qui commande aux hommes de laisser passer devant eux les femmes, quand il n'y a pas grande différence d'âge ou de qualité. On peut, certes, faire la réflexion que la plupart des seuils de porte sont ainsi conçus que deux corps ne peuvent passer à la fois sans entrer en contact et qu'un tel contact serait chargé d'équivoque. Cette réflexion nous est un rappel quand nous serions tentés, Messieurs, d'agir étourdiment ou de trop nous hâter. Mais répétons le geste une fois, deux fois, dix fois, et notre corps acquiert cette aptitude, pourtant contraire à sa nature, à s'effacer devant l'autre sexe et à dissimuler dans le geste l'intention qui le commande. Il saura ainsi se contrôler de lui-même et montrer une intuition sûre du corps de l'autre.

On ne saurait affirmer qu'une règle qui agit de la sorte sans qu'il soit besoin d'en représenter la nécessité ni d'en faire sentir le poids, satisfasse pleinement celui qui aimerait la voir fondée en bonne raison, dans son contenu ou par sa forme. On veut justifier d'ordinaire une règle par son utilité, la règle étant alors un moyen ou une méthode et la fin recherchée commandant le contenu de la prescription. Par exemple, respecter la règle de la priorité lorsqu'on conduit sa voiture est chose fort utile pour éviter les accidents ; et, la conservation de la vie humaine étant une des fins de la société, il convient d'observer les priorités avec le plus grand scrupule : il y va de la vie d'autrui et de la sienne propre. Respecter la priorité n'est donc pas une règle de politesse. En revanche, se bousculer sur le seuil d'une porte n'a pas de conséquence et la paix sociale ne serait pas vraiment menacée si l'on abandonnait cette sorte de préséance. En autorisant la proximité des corps selon certaines convenances, la règle se borne à ajouter à la facilité de la vie commune. Or, d'autres valeurs que les vertus de réserve et de discrétion qu'elle sert, sont aisément pensables. Et surtout il apparaît qu'ici la fin ne commande pas le moyen de manière déterminée : d'une société à une autre, il y a bien des manières de rendre acceptable la proximité des corps. Quiconque s'indignerait d'une pareille variation, le ferait à tort. Encore une fois, quand il s'agit de polissage, c'est l'application, le contact de la règle qui cause l'effet plus que le détail de ses commandements.

De même n'y aurait-il pas de sens à vouloir la rendre plus stricte qu'elle n'est, au nom d'une rigueur formelle dont elle est entièrement dépourvue. Distinguons ici entre les règles de la politesse et celles du protocole ou de l'étiquette. Ces dernières répondent à un principe rigide : on ne peut y déroger, même partiellement, sans ruiner le cérémonial dans son ensemble. En revanche, puisqu'elles ont pour fonction d'aménager et de faciliter les relations entre les individus, les règles de la politesse doivent se montrer, en tant que règles, aisées et accommodantes. Ce sont des règles aimables, cachant leur rudesse, tolérantes dans l'esprit quand elles sont fermes dans l'application, n'excluant pas l'exception, admettant parfois l'excuse et suffisamment flexibles pour rendre souples les conduites qu'elles inspirent. Et elles se démultiplient sans peine pour mieux s'adapter. Imaginez, Messieurs, que vous entriez dans un lieu public, alors vous avez un devoir de protection, il faut vous mettre en avant et précéder; imaginez encore que la femme qui vous précède ait laissé tomber son mouchoir ou qu'elle ait trébuché : soyez rapides, car ce serait la surprendre que de lui prêter assistance par derrière. Quant à gravir les marches d'un escalier, il vous faut répondre avec tact à plusieurs exigences : ouvrir la voie, ne point vous montrer dominateur, ne pas prendre le risque d'offenser la pudeur. La règle jouit d'une extraordinaire faculté d'adaptation ; elle commande, mais sur mesure. En vérité, il faut moins la considérer, comme on se contente de le faire trop souvent, dans les codes formels et fastidieux où on l'énonce, que dans son exercice à la fois naturel et subtil. Ni catégorique dans sa forme ni vraiment indispensable par son contenu, la politesse relève d'une sorte d'intelligence concrète et sûre qui la rapporte constamment aux conditions, aux situations et aux circonstances de son application : une intelligence qui est celle de l'usage, celle des bons usages, comme on dit, car il faut savoir bien user de soi et des autres.

DU BON USAGE DE L'USAGE

La banalité ordinaire de l'usage en fait souvent oublier l'extraordinaire effet ; un effet si remarquable qu'il faut en expliquer la cause. On sait que les sociétés, comme les individus, tendent à persévérer dans leur être. Mais comment persévère-t-on ? Serait-ce, pour chacun, comme on le prétend volontiers, par l'effort qu'on fait pour rester le même que soi-même en toute circonstance, et pour traverser le temps sans reniement ni adultération ? Serait-ce, pour une société, par la rituelle répétition de ce qu'elle a été et de ce qu'elle sera, dans le culte de son identité, supposée être l'unique fin de ses œuvres ? « Les Français », disent nos politiques en prétendant placer dans ce collectif la représentation limpide d'une histoire exemplaire, porteuse d'un noble message pour le reste de l'humanité – «Les Français ont montré que…, ils savent bien que…, ils disent que… et ils veulent que… tous, ils ont le même esprit de grandeur, etc. ». En vérité, cette identité, si elle n'est pas un mythe, est à redéfinir si constamment, elle est si travaillée par le temps qu'elle en est plus le résultat, réussi ou non, que le principe ; sorte de concrétion lente d'un long processus qu'on déchiffre au soir d'une révolution ou au tournant d'un siècle. C'est pourquoi, si l'on veut comprendre comment une société peut avoir une existence continue, il faut invoquer un autre facteur, bien plus puissant et constant, dont l'action soit inlassable : l'usage. Car c'est l'usage qui fait les mœurs et les règles où s'expriment les mœurs. Et c'est lui aussi qui fait la politesse et les codes où elle se réfléchit. En un sens, l'usage se reproduit par inertie, il dure patiemment. En un autre sens, il ne cesse de varier, il est en constant renouvellement, car il est fait d'une multitude d'actions ressemblantes et différentes, qui poursuivent des intentions particulières et qui, répondant aux circonstances, s'additionnent ou se contrarient. Diversité qui serait sa ruine si les règles ne laissaient d'y introduire de l'uniformité. Mais ces règles elles-mêmes ne lui sont pas étrangères, elles sont l'effet de sa durée, elles en sont comme le débordement et il est bien difficile de dire si elles le font ou si c'est lui, l'usage, qui les fait. Ainsi est-ce le grand rôle des règles de politesse que d'aider une société à perdurer dans *sa manière d'être*, et cela en imposant *certaines manières* aux membres qui la composent afin qu'ils s'y retrouvent, et que, se reconnaissant en elle, ils en produisent la substance vivante. La politesse est bien plus qu'un vain jeu d'apparences, elle est un véritable opérateur.

De fait, l'usage suscite en chacun de nous une disposition à la société ; il nous fait sentir que notre existence sociale est une partie de notre humanité, et comprendre que, sans nos semblables, nous ne saurions subsister ni porter notre existence au degré de perfection souhaitable. Or ce commerce est à la fois une action et une passion. Nous souffrons les autres, nous subissons leur influence, nous obéissons à leurs injonctions, nous nous conformons à leurs modèles ; mais cette action qu'ils exercent sur nous, nous l'exerçons tout autant sur eux, au risque de voir nos volontés et nos intérêts s'opposer en des conflits où il est préférable d'être l'agent plutôt que le patient. Certes, il serait heureux que nous vivions dans une abbaye de Thélème où chacun étant l'unique auteur de ses actions ferait librement tout ce qui lui plaît et, par là, dans le concert merveilleux des spontanéités libres, aurait les mêmes pensées et agirait de même que son prochain ! Mais considérons un autre mode de relation, plus à notre portée, en vérité la meilleure des relations que nous puissions entretenir avec notre prochain : celle d'une correspondance où à nos pensées et nos actions répondent différemment mais en accord les pensées et les actions d'autrui, ainsi que les nôtres aux siennes – n'y ayant alors d'autre passion que le fait de vivre ensemble. Précisément, la politesse sait faire cela : à une politesse peut en répondre une autre, gracieuse ; d'où résulte une complaisance mutuelle, un esprit d'heureuse entente.

Assurément, cette correspondance, pour être effective, doit être régulière et assez forte pour résister aux vicissitudes qui ne manquent pas de la troubler. Or nous ne saurions être actifs à tout instant, puisque nous avons besoin de repos ; pire, nous aimons paresser. Mais le repos n'est pas la paresse : il recueille et prépare les forces pour l'action, quand la paresse les relâche et les épuise. Il faut en conséquence distinguer entre deux modes d'activité : celui de l'exécution où l'action se fait et cesse une fois qu'elle est accomplie, et celui de la disposition qui est une inclination à l'action et qui, quoiqu'elle ne comporte pas de passage à l'acte, reste agissante, puisque, discrètement, elle prépare les conduites et modèle les comportements. Ainsi peut-on dire que, d'un côté, la politesse est composée de toutes les politesses qu'il convient de rendre : gestes, actions, conduites ; mais que, de l'autre côté, elle est, plus essentiellement, comme la vertu chez Aristote, une disposition, une *Exis*. D'un côté, l'on saura gré à l'honnête homme de ses gestes et de ses attentions ; mais, de l'autre côté, on lui fera plus grand mérite encore de sa tournure, de son attitude, de sa correction, de son amabilité, de sa discrétion, en un mot de sa *manière d'être* dont on sait qu'elle sera aussi, s'il le faut, une *manière d'agir*.

LA MANIÈRE ET LES MANIÈRES
LA POLITESSE DU CŒUR

Ce n'est donc pas sans raison que l'on place la politesse tantôt dans les manières tantôt dans la manière, restant à déterminer ce qu'elles se doivent réciproquement.

Mais d'abord cette question : jusqu'où s'étend le domaine de la politesse[1] ? Il règne ici une certaine confusion qu'il faut dissiper. L'usage nous façonne au jour le jour, nous l'avons dit, et l'usage a le temps pour lui. Mais le temps n'est pas toujours le même. La formation des sentiments et des comportements moraux, je veux dire des *mœurs*, est certainement la plus lente ; c'est pourquoi, l'effet en est plus durable. Malgré cela, comme le suggère bien le mot anglais *manners*, les mœurs

---

1. Cf. *infra*, p. 81.

ne sont pas étrangères aux *manières*. Mais retenons le critère temporel et, par commodité, limitons les manières aux usages et aux coutumes dont le poids moral est moindre et qui, plus variables, ont une temporalité plus courte. Et, par variation ainsi que par égard à leur étendue, distinguons entre les manières qui sont attachées à une civilisation ou à un siècle tout entier, les manières qui, davantage fixées dans des codes et relevant de l'ordre du scrupule et du rituel, constituent le *savoir-vivre* respecté dans une société particulière, à une époque donnée ; et celles enfin qui, étant les plus inconstantes et les plus impérieuses, ne sont que des *modes* liées aux goûts et aux représentations. Quoique ces sortes de distinction ne soient pas totalement tranchées, les moralistes ne se privent pas d'en tirer argument. Ainsi aime-t-on observer que l'un des effets pervers de la mondialisation est la propagation univer-selle de modes en tout genre, modes passagères et d'autant plus puissantes, comme si le temps en s'accélérant perdait de sa densité et de sa variété, rongé qu'il est par des changements toujours plus rapides et plus anonymes. Et nos censeurs de s'inquiéter que de telles modes investissent les formules du savoir-vivre ; pire : que, usant de leur séduction auprès des hommes et les détournant des règles, elles contaminent si fort leurs manières qu'elles leur ôtent leur poids de tradition. Quant à inspirer les mœurs elles-mêmes, si d'aventure elles y réussissaient, elles feraient de la vanité le premier principe de la vie morale. Nous serions donc entrés dans le règne de l'éphémère et du jetable, au mépris des usages les plus anciens et les plus respectables ; délivrés ainsi à notre grand dam des lenteurs et des patiences du temps ! Mais cette condamnation morose est trop entière. Elle fait comme si les choses allaient toutes d'un même pas et elle feint d'ignorer que le temps entrelace des fils qui ne sont pas également tendus. Certes, le

registre de la politesse s'étend continûment de la manière aux
manières, des mœurs aux modes, et on peut le parcourir en
partant de l'un ou l'autre bout ; certes, dans la conduite des
hommes, mœurs, manières (au sens restreint), savoir-vivre
et modes s'associent et se chevauchent ; mais il appartient à
l'analyste de les démêler afin d'en mesurer les écarts, comme
on divise les eaux d'un fleuve dont le flux est irrégulier.

Les manières sont l'expression ordinaire *de la manière*
qu'on a d'être. Les premières passeront pour maniérées si l'on
perçoit qu'elles sont un effet contraint plutôt que l'actuali-
sation d'une disposition constante. On en dénoncera alors tout
l'artifice et l'ostentation. Il faut, comme l'on dit, qu'elles
soient naturelles, quoiqu'elles aient été apprises par instruction et répétées par imitation. Inversement, la disposition
seule, la manière sans les manières, sera sans doute appréciée,
mais elle ne sera point goûtée. On dira de la personne qu'elle
est simple et naturelle en société, que sa présence est plaisante,
mais qu'il lui manque une qualité importante et recherchée :
la distinction. En effet, ce qui s'ajoute dans les manières à la
manière, c'est le choix fait de certaines actions ou conduites,
la juste appréciation de leur opportunité et le soin mis à les
adapter aux personnes, aux situations ou aux circonstances. Il
y a là un sens de la convenance, une sorte de jugement en
exercice qui, naturel et aisé, illustre son auteur plus que ne le
fait son action même.

Mais, dira-t-on, et l'objection vient facilement : si, par
hypothèse, la manière n'a pas d'autre moyen de se faire apprécier que dans les manières et les manières de se justifier que par
la manière, comment les distinguer encore ? Et si l'on ne peut
marquer la différence, comment savoir si les manières sont
l'œuvre d'une intention sincère ou si elles ne sont qu'un
simple vernis extérieur, sans disposition intérieure, ou pire une

gesticulation hypocrite, commandée par le désir de plaire et d'obtenir quelque avantage ? La fausse politesse sait tromper son monde, quand elle est assez habile. Et l'on ajoute : la politesse est censée rendre plus aisées les relations entre les hommes ; mais elle n'y parvient qu'en introduisant un vice qui est propre à ruiner ces relations s'il se développe : le mensonge. Mieux vaut un comportement rude, mais franc. La vraie différence est entre la disposition morale (la bienveillance, l'honnêteté, etc.) et les usages de la société qui ne commandent jamais que les apparences : ici la comédie du monde, là la simplicité du cœur. Cultivez la vertu, ayez de justes passions à l'égard de vos semblables, entretenez dans votre cœur les principes de la bienveillance et de la douceur ; la vertu vous gardera de mentir et vos passions sauront s'exprimer naturellement, sans qu'il soit besoin de tout l'appareil des bonnes manières. L'ingénuité de l'expression n'est-elle pas la meilleure preuve de la sincérité d'une âme ? Et s'il faut sauver le mot de *politesse*, alors parlons de la *politesse du cœur* qui n'a rien à voir avec la *politesse du monde*. La politesse du cœur sait gouverner le comportement des êtres simples ; point ne leur est besoin de ces règles imposées et étrangères qui pervertissent l'âme. « Cessez donc ces manières et laissez parler votre cœur en toute franchise ».

Notons que la politesse du cœur, si on la sépare ainsi de la politesse du monde, semble se confondre avec le caractère moral de l'agent, tel un halo qui entourerait les intentions et les actions de la vie vertueuse et qui en atténuerait l'éventuelle rudesse. Par exemple, c'est un devoir moral de ne pas mentir, même quand le mensonge paraît être à l'avantage d'autrui. Mais comment dire la vérité à autrui lorsqu'elle lui est cruelle ? La loi morale est muette à cet égard. Elle commande l'action et, n'ayant pas à connaître les hommes en leur particulier, elle est aussi implacable que rigoureuse, elle s'applique avec une terrible abstraction. La brutalité de Caton était chez les Romains aussi célèbre que sa vertu. En revanche, la politesse du cœur sait trouver les justes mots qui rendront la vérité préférable au mensonge et, lors même qu'elle est animée par la moralité, elle sait rester attentive aux passions et aux intérêts des hommes. Elle est, en quelque sorte, la bonté de la vertu…, c'est-à-dire la bonté qui manque à la vertu, puisque la vertu ainsi conçue n'a point par elle-même de bienveillance.

N'est-ce point alors avouer l'insuffisance de la vertu, puisqu'il faut lui adjoindre ce supplément de la politesse ? Et quelle source donner à cette politesse du cœur, si on ne veut pas en faire un principe différent, sinon concurrent, du devoir ?

On répondra peut-être, par esprit de philosophie, qu'elle résulte de l'influence répétée du devoir sur la vie morale, influence qui, certes, n'atténue celui-ci en aucune façon ni ne le rend plus flexible, mais qui, à la longue, domestique les puissances affectives de l'âme et les dispose à la compassion et à l'indulgence. Mais la réponse la plus ordinaire est de relever l'ambiguïté de la conscience morale, à la fois complaisance et devoir envers les autres, et de dire que la politesse du cœur est le premier mouvement d'une âme ingénue dont il faut savoir conserver la naïveté et la spontanéité jusque dans les choix moraux les plus délibérés, n'y ayant pas de plus grande force pour lutter contre les passions égoïstes. Mais, quelle que soit la réponse donnée, cette grâce du cœur est comme l'empreinte du sujet dans sa vie morale et son expression la plus propre : élan naturel ou disposition morale, elle est réputée venir du plus profond de soi, contrairement à l'autre espèce de politesse qui résulte des exigences extérieures de la société ; ce pour quoi l'une ne saurait tromper tandis que l'autre est supposée prêter à toutes les hypocrisies possibles.

LES MANIÈRES ET LA MANIÈRE
LA POLITESSE DU MONDE

Est-ce assez dire ? La politesse a-t-elle véritablement à faire avec la morale ? A-t-on assez défini la politesse du cœur en l'opposant à la politesse des manières ?

Notons qu'elle partage avec celle-ci de devoir s'exprimer et qu'il n'y a d'autre moyen d'expression que le corps. Un regard, un sourire, une intonation, un geste ébauché : ce n'est pas grand chose, mais c'est déjà beaucoup. Car, s'il est vrai que mon corps, quoiqu'il soit dans le monde, est plus que le monde puisqu'il est moi-même, il reste que par les relations qu'il entretient avec les autres corps, il est plus que moi-même, quoique je n'ai rien d'autre que lui pour affirmer ma présence et déclarer mes attentes. D'un côté, il porte les intentions qui sont naturelles aux mouvements et aux volontés de mon âme ; de l'autre, il est signe parmi d'autres signes dans l'échange du monde. Limite mouvante entre l'absolu et le relatif, l'intérieur et l'extérieur, entre l'être et l'apparence, entre la sincérité et le mensonge, il prête à la même incertitude que la politesse. Et la question se répète inévitablement : faut-il donc ne rien cacher pour n'être pas hypocrite ? À quel excès de sincérité reconnaître le mensonge ?

On répondra que c'est à une certaine générosité du corps que l'on perçoit la manière dans les manières ou le sujet authentique dans ses conduites, et qu'il y a dans la vraie politesse un naturel, un charme, un *je ne sais quoi* qu'on ne saurait autrement qualifier, mais qui est le meilleur gage de la présence sincère du cœur dans les marques qu'il donne. Sans doute n'a-t-on pas là de critère déterminé, mais il en va comme pour la présence d'autrui dont nous sommes bien certains, quoique nous n'ayons comme témoignage que sa réalité physique.

Mais le *je ne sais quoi* est-il la propriété de la seule politesse du cœur ? Imaginez cette scène qui n'est pas rare : je rencontre une de mes connaissances ; à la vérité, nous ne nous connaissons guère, de sorte que nous faisons assaut d'amabilité. Mon interlocuteur me laisse entendre qu'il est heureux de me voir, il me marque son attention, il me témoigne de l'amitié, et cela avec toute la grâce voulue et avec un tact dont je lui sais gré. Il a assez de respect pour lui-même pour ne pas s'abaisser à me flatter, il a assez de considération pour moi-même pour ne point me faire sentir le poids de ses politesses. Il se montre bien disposé à mon égard. Certes, la politesse me commande de ne pas profiter de son affabilité pour lui demander de me rendre un service. Et il sait cela. Dois-je pour autant douter de la sincérité de son sentiment ? Nous sommes presque étrangers, il me traite comme un ami. Dois-je crier au mensonge ? Par son attitude, il dit vouloir me servir. Dois-je considérer que, cette attitude ne laissant pas d'être formelle, il cherche secrètement à se servir de moi ? Cela n'est pas impossible. Mais il y a dans sa conduite un *je ne sais quoi* de délicat et de raffiné qui fait que le soupçonner d'une telle duplicité serait de ma part pire qu'une grossièreté, une calomnie de la nature humaine (car l'impolitesse, quand elle invoque la morale, conduit à la misanthropie). Sa complaisance à mon égard est discrètement démonstrative ; mais faut-il s'en indigner, puisque je sais que l'apparence n'est pas la réalité et qu'il suffit d'un maître de danse, comme dit Locke, pour s'en approprier tout l'art ? Bref, cet ami de rencontre fait preuve de politesse à mon égard. Prétendrait-il en la circonstance à une quelconque politesse du cœur que je douterais de son honnêteté. C'est incontestablement un homme du monde et je l'apprécie d'autant.

— *Le moraliste* dit : il n'y a pas de vertu sociale, il n'y a que des vertus morales. Votre ami d'une minute est un homme de qualité, selon les définitions de la société ; mais c'est une chose que d'être honnête homme et une autre que d'être homme de réelle vertu. La politesse est le fait du monde et, en en épousant les formes, le sujet ne sert que les apparences. La politesse du monde n'a rien à faire avec la morale.

— *Moi* : nous ne pouvons ignorer le monde, il est notre ordinaire. Que serait une société composée de philosophes vertueux ? Une chartreuse, qui plus est, sans religion. Pour lier une société, il faut des besoins par où les hommes entrent en dépendance mutuelle, il faut des désirs par où ils rivalisent, il faut des affections et des inimitiés par où ils se soudent les uns aux autres, il faut des calculs par où ils unissent leurs intérêts. Additionnez tout cela et quelques autres choses encore, vous obtenez un monde, un monde consistant, à défaut d'être pleinement cohérent. Il est vrai que le résultat est assez grossier : il faut désamorcer les conflits et mettre en musique les égoïsmes. La vertu peut-elle faire cela, sans appauvrissement ? J'en doute. Mais introduisez des formes, des rites, des habitudes ; soumettez les hommes aux apparences – il leur est assez facile de les prendre ; faites qu'ils se distinguent les uns des autres, selon des procédures réglées ; satisfaites leur amour-propre, ils seront contents d'autrui. Voilà la politesse du monde.

— *Le moraliste* : C'est bien ce que j'entendais et ce que je réprouve. La politesse du monde détourne les hommes de leurs devoirs et de leurs véritables affections. Elle leur apprend à se contenter d'apparences. Vous l'avouez vous-même, il n'y a de vie morale possible que hors du monde.

— *Moi* : Les apparences ne sont pas dépourvues d'effet ; elles font une part non négligeable de la civilisation.

— *Le moraliste* : Je préfère le désert d'Alceste. Je ne veux pas d'un monde où chacun s'aime lui-même et ne se rapporte à autrui que pour la satisfaction de son amour-propre.

— *Moi* : Avant que vous ne partiez dans le désert, laissez-moi vous dire ceci. L'amour de soi est un motif puissant que vous ne pouvez ignorer, puisque aucun homme ne saurait subsister sans s'aimer lui-même ; quoique, l'intérêt rapportant toute chose au Soi qui le sait, le Soi reconnaît aussi combien il dépend des choses. Mais l'amour-propre est quelque peu différent : c'est s'aimer par le moyen d'autrui. Il rapporte le Soi aux apparences. Or, il n'y a pas d'être sans apparence ni phénomène, dès lors que l'être s'exprime ; Leibniz dit même que tout l'être du sujet est dans son expression. Mais l'on ne s'exprime que pour d'autres sujets. Il faut un public, il faut que cette expression soit prise en compte, considérée de l'extérieur. C'est une des raisons pour lesquelles le sujet est aussi un Soi. Laissez un jeune enfant s'exprimer sans contrainte et faire une colère. Tout son être, observez-vous, se dit dans son désarroi et sa violence impuissante. Accordons par hypothèse qu'il n'entre pas dans son comportement de ruse ou d'habileté. Mais vous êtes présent, en éducateur attentif ; et, bien entendu, l'enfant le sait. Accordons par hypothèse, également, que vous soyez un éducateur aussi parfait que le précepteur d'Émile dans le roman pédagogique de Rousseau. Effacez-vous donc autant que vous le pouvez afin que l'enfant s'exprime plus naturellement encore. Allez jusqu'au bout, laissez-le s'exprimer dans son coin, comme on faisait autrefois. Sa colère tombe, vous n'êtes plus là ; il lui reste la peine, car on n'a pas besoin des autres pour avoir du chagrin. Toute expression passe par le monde, même la politesse du cœur.

Redisons-le dans le langage plus savant de Hobbes[1] : comme nos pensées, nos sentiments s'expriment et ils s'expriment dans des marques naturelles qui en sont la manifestation propre : les cris ou les pleurs de l'enfant, par exemple. Mais les marques appartiennent au Soi et, quoiqu'elles aient toute chance d'être semblables en chacun, les passions étant les mêmes chez tous les hommes, elles ne sont pas encore des signes pour autrui. Or, un signe ne signifie que relativement à d'autres signes, au sein d'un système : c'est aux parents de savoir discerner la valeur *relative* des cris ou des pleurs de leur enfant, parmi les manifestations admises, sinon réglées, des passions. Et c'est ainsi, aussi, que dans le *monde* une politesse répond à une autre politesse. Mais tout système est d'institution, de sorte que chaque signe, étant défini par la différence qu'il a avec les autres signes, reçoit du tout sa signification, une signification qui ne peut être que de convention. Ainsi se noue la dialectique de l'apparence : manifestation naturelle du sujet, elle est convention dans le commerce des autres, le *je ne sais quoi* étant ce raccourci par lequel, lorsqu'il en juge, un sujet entend percevoir sous le signe commun la marque personnelle d'un autre sujet. Mais disons davantage, le sujet lui-même participe à la convention : il joue le jeu des signes, il lui importe que les marques expressives qu'il donne soient lues par autrui, et elles ne peuvent l'être que dans le système des apparences dont il connaît les ressources ; bref, il a besoin d'être regardé, reconnu, honoré, de trouver sa place dans le monde. Le voici pris d'amour-propre, et donc double : lui-même en tant que s'exprimant à partir de lui-même, différent en tant que toujours exprimé par le regard d'autrui, ainsi que le

---

1. Hobbes, *Léviathan*, chap. IV ; *De Corpore*, livre I, chap. 2.

comédien qui est une personne propre et en même temps le rôle qu'il joue devant les spectateurs. Je veux bien que la politesse du cœur soit, au plus intime, la puissance expressive du sujet tourné vers autrui; mais pour s'exprimer en effet, cette puissance doit passer dans l'apparence, c'est-à-dire adopter sous le regard d'autrui les dehors de la politesse du monde. Considérez le vêtement. On peut rester nu chez soi, mais il faut s'habiller pour sortir. Nommons *décence* cette politesse du cœur qui fait qu'on a le souci de ne pas importuner autrui par sa nudité qui a je ne sais quoi d'incommode. Mais le vêtement lui-même est décent ou indécent, correct ou incorrect, non plus au nom de la réserve naturelle qu'on peut avoir touchant son propre corps, mais eu égard aux valeurs reçues de la société. Se rendre à une invitation dans une tenue choquante ou négligée, c'est heurter par son accoutrement les sentiments de la compagnie où l'on est introduit. Or, cette incorrection, délibérée ou non, trahit une impudence du cœur. L'harmonie de la société s'en trouve affectée, et le provocateur le sait bien, qui, pour se justifier, peut dire que son intention était bien de déchirer les oripeaux de la politesse du monde. Mais, toutes proportions gardées, oublier que l'on n'est maître de son apparence que pour moitié et que pour l'autre moitié il faut la rendre facile aux autres, traiter les signes que l'on donne comme de simples marques de soi, et donc imposer sans vergogne à la société son expression, est une indélicatesse qui froisse les sentiments d'autrui. La politesse des manières a bien affaire avec la politesse du cœur.

Considérons à nouveaux frais cette politesse du cœur. Il faut, dit après d'autres Bergson[1], la distinguer de la politesse

---

1. Bergson, « Discours de distribution des prix du lycée de Clermont-Ferrand », *Écrits et paroles*, Paris, PUF, 1957, p. 62-63.

du monde. La politesse du monde est l'art de se montrer aimable, l'art de se faire aimer en laissant entendre à la personne à laquelle on accorde ses attentions, et cela sous le regard de la compagnie, que, quoique l'on soit également disposé envers tous les hommes, on éprouve cependant une préférence toute particulière pour elle. Il y a dans cette apparence d'amour, partagée entre la prévenance pour l'autre et le désir de se mettre soi-même en valeur, une sorte de grâce communicative qui la distingue de la grossière hypocrisie, et une sorte d'heureuse proportion entre ces deux sentiments, altruiste et égoïste, qui se traduit dans la langue des gestes et des attitudes chers à l'homme de qualité. Mais, dans la politesse du cœur, ajoute notre philosophe, il y a davantage : la politesse du cœur sait honorer l'autre dans son amour-propre. Chacun, il faudrait être hypocrite pour le nier, a besoin d'être assuré de son propre mérite, d'être conforté dans l'opinion qu'il a de lui-même et fortifié dans ses espérances, sinon dans ses illusions. Un regard indifférent, un mot de trop, une attitude de dédain, affectent cette sensibilité, parfois maladive, que le respect humain commande de cacher. Qui peut prétendre n'avoir jamais été redevable de sa paix intérieure à un éloge reçu de sa personne ? L'homme de cœur sait répondre à cette attente et faire le compliment qu'il convient, au moment qui convient. Il a l'art de l'à-propos. Il connaît en tout homme ce vif désir d'être distingué et aimé ; et, de manière sûre, il réussit à faire que son prochain s'aime lui-même. Sans doute, trouve-t-il lui aussi une grande satisfaction à bien tourner son compliment, à donner la preuve de ses bonnes manières et à se mettre au service de l'autre. Mais cela ne diminue en rien sa sincérité. Bergson a cette excellente formule : la politesse, «c'est la charité s'exerçant dans la région des amours-propres... Elle consiste à ménager la sensibilité des autres hommes, à faire qu'ils soient contents d'eux et de nous »[1].

Locke[2], mieux qu'un autre, a exposé les règles de cette politesse généreuse qu'il n'est pas si facile d'acquérir. La première est de se montrer complaisant pour les autres hommes, avoir des égards pour leurs inclinations, leur tempérament, leur condition : aller au devant de leur plaisir. Il faut pour cela dompter ses propres humeurs, accommoder son comportement, faire preuve de tolérance et de prévention. La seconde est d'éviter tout mépris ou toute condescendance par laquelle on rabaisserait l'amour-propre de son prochain. Le risque n'est pas négligeable, puisque l'homme de politesse ne renonce pas à briller. Il y a des politesses qui sont des insultes. La troisième est de ne point relever les fautes d'autrui, de ne point les mettre en pleine lumière pour causer sa honte, de ne point divertir la compagnie aux dépens d'une personne : la plaisanterie est un art difficile qui dégénère rapidement en raillerie. La dernière est de ne pas faire preuve d'humeur ou d'impatience : l'esprit de querelle ruine l'entente des hommes.

COMMENT LES ÊTRES HUMAINS CONVIENNENT ENSEMBLE

J'entends l'objection des moralistes. Servir l'amour-propre ! N'est-ce pas flatter et encourager la vanité ? N'est-ce pas favoriser une servitude qui subordonne le bonheur des hommes à l'approbation de leurs semblables, et développer en

---

1. Bergson reprend ainsi un thème traditionnel. Voir *infra*, p. 97 *sq.*
2. Locke, *Quelques pensées sur l'éducation*, trad. fr. G. Compayré, Paris, Vrin, 2ᵉ éd., 2007, p. 257 *sq.* Nous résumons le texte.

eux ce qu'il y a de plus médiocre et de plus indigent? Et l'on voudrait que ce soit la charité qui régule ces apparences de concorde sous lesquelles se dissimulent les égoïsmes et les rivalités! La charité, c'est s'oublier soi-même pour mieux servir l'être *vrai* de son prochain. Foin de la politesse, il y a des rudesses salutaires! Quand bien même contribuerait-elle au bonheur des hommes, puisqu'ils vivent dans le monde, qu'elle ne secourrait aucunement leur vertu. D'ailleurs, elle est dépourvue d'utilité, elle ne sert que le plaisir.

J'entends l'objection des âmes nobles. Le Soi de l'amour-propre n'est pas le véritable Soi, lequel ne saurait s'abaisser à trouver sa satisfaction dans la dépendance. Le Soi est géné-rosité; et Descartes, a su décrire en son temps cette ferme résolution d'agir toujours selon le meilleur jugement, qui est la « puissance réelle et positive de se déterminer »[1]. Le Soi, s'il est bien né, met toute sa valeur à cultiver cette liberté qui sait rester entière dans la poursuite du Bien et de la Vérité. Il faut pour cela s'estimer assez soi-même et trouver son contente-ment dans le bon usage de son libre-arbitre[2]. Et donc, s'il est vrai que portés par cette force nous nous rendons à notre échelle semblables à Dieu, point n'est besoin de l'approbation d'autrui. Point n'est besoin de politesse, Horace tue sa sœur Camille qui lui reproche d'avoir tué son amant, Curiace, et qui insulte Rome pour cela. Descartes n'est pas si extrême, il est beaucoup plus prudent, la générosité est capable d'excuser l'infirmité d'autrui et l'éducation d'amender les défauts de naissance. Et les âmes généreuses « n'estiment rien de plus

---

1. Descartes, Lettre à Mesland, du 2/5/1644, *Œuvres*, Adam et Tannery (éd.), Paris, Vrin, 1996, IV, p. 116.

2. Descartes, Lettre à Christine de Suède, du 20/11/1647, *Œuvres*, V, p. 85.

grand que de faire du bien aux autres hommes »[1]. Façon de fonder la charité sur l'opinion qu'on a de soi.

J'entends l'objection des contempteurs de la « bonne société ». On ne saurait servir le Soi en flattant son amour-propre, car en donnant l'apparence de le distinguer on le réduit aux modèles imposés par les conventions, on l'enferme dans des rôles, on le détourne des fins dernières de la société. Toute la délicatesse de la bonne société se réduit à l'art d'imiter. Certes, en se fondant dans des conduites uniformes, en n'ayant d'autre souci que de la coupe de ses robes ou des couleurs de sa cravate, on obtient le privilège exclusif d'être membre du groupe ou de la caste. Mais voilà le paradoxe : pour se distinguer des *autres*, on ne se distingue pas de ses *semblables*; ou pire : en se faisant la copie de ses semblables, on exclut tous les autres. Reste le petit plaisir de la vanité qui n'appartient qu'à chacun. Pauvre aristocratie, réelle ou prétendue, soucieuse de ne pas se commettre avec les couches inférieures, multipliant pour cela les demandes et les interdits, sécrétant une culture propre et réservée, et vérifiant incessamment en des lieux choisis et par des actions obligées l'aptitude de ses membres à lui appartenir. Que vienne donc la révolution : la substance plutôt que la forme! Le peuple plutôt que les privilèges! La rusticité sera la marque de la démocratie. Cessons les subtilités du vouvoiement, quittons les Monsieur le Comte et Madame la Duchesse, adoptons le *tu*, nous ne connaissons plus que des camarades ou des citoyennes : de vrais hommes et de vraies femmes[2].

---

1. Descartes, *Les passions de l'âme*, *Œuvres*, XI, article CLVI, p. 447-448.
2. Pour un point de vue historique, voir F. Rouvillois, *Histoire de la politesse de 1789 à nos jours*, Paris, Flammarion, 2006.

Reprenons, car on ne fait pas une société avec des moralistes, des héros ou des révolutionnaires.

Et d'abord, imaginez ceci qui n'est que trop fréquent.

Le TGV file dans la Beauce, comme s'il était pressé de fuir la Capitale. Une béate somnolence gagne le wagon et plus d'un voyageur a fermé les yeux sur son journal, s'estimant en paix avec ses semblables. Soudain résonnent les *Quatre saisons*. « Allo ! C'est toi ? Oui, oui, le train est parti à l'heure. Non, non, il n'arrivera pas en retard. Oui, non, le wagon est très tranquille. Non, oui, pas d'enfant qui pleure, je déteste les enfants qui pleurent. Après les bruits de Paris, le silence est une chose si merveilleuse. Ah, je voulais te dire… ». Que faire ? Étrangler l'importun(e), on y songe, mais on n'ira pas jusqu'à cette extrémité. Faire plus de bruit que lui (elle), c'est se rendre soi-même importun. S'intéresser à cette conversation à une voix que seul le ciel peut étouffer ? Mais comment espérer du Ciel quand on est au désespoir ! D'où vient que l'on est si démuni, à moins de devenir violent ?

Utiliser son portable dans le TGV n'est pas un délit. En Australie, poser ses pieds sur le siège opposé est puni par la loi. La SNCF est plus sage que son homologue de l'hémisphère sud. Car le tort causé n'est pas considérable, il n'y a pas de réel dommage, guère plus qu'un dérangement : plutôt une gêne devant le sans-gêne de l'individu qui se vautre ou qui ne contrôle pas sa voix. En vérité, l'importun n'entretient pas d'hostilité à l'intention des autres voyageurs, il les ignore, car il parle à son correspondant, ce qui n'est pas en soi répréhensible. Mais, en un sens, il fait pire : tandis que les détails de sa conversation se propagent par vagues jusqu'au bout du wagon, il s'abstrait de la compagnie : il est ailleurs quoiqu'on n'entende que lui. Au reste, son correspondant serait-il devant lui, qu'il agirait de même, il faut que toujours il s'échappe. L'urgence (quelle urgence ?) commande qu'il néantise sur le champ ses semblables. Ce n'est pas un crime : faites-lui une observation, il s'indigne. Mais c'est bien une offense. Non pas une offense à l'égard des voyageurs en particulier, mais à l'égard de la société humaine dans son ensemble, puisque cette bonne disposition à la coexistence qu'on peut attendre de tout être humain envers ses semblables et qui n'engage pas encore à une action déterminée, cette civilité élémentaire qui ne coûte rien mais sans laquelle aucune relation ne peut s'établir, est réduite à rien : *allo, allo, c'est moi !*

Mais observons le wagon : les autres voyageurs somnolent, en voici un qui ronfle. On ne peut pas dire qu'ils fassent preuve d'une sociabilité beaucoup plus active. Le TGV est rarement un lieu de grande civilité, on ne partage plus son casse-croûte dans le train. Du moins n'y a-t-il pas d'outrage dans cette passivité : l'incivilité est toujours une violence qui blesse l'entente des hommes ; son ressort est simple : elle n'en a rien à f…

Posons que la politesse est plus que la civilité, si du moins l'on entend par *civilité* cet esprit d'obligeance en général. Une telle obligeance, la politesse la restreint au plus proche, elle la fixe plus particulièrement sur cette personne-ci ou ces personnes-là qui sont ainsi distinguées, choisies, en quelque sorte élues. Bien plus, elle est une adresse, une invitation. Je vous tends la main, ce qui n'est pas une action considérable, mais vous ne vous fondez plus dans la foule, vous êtes l'objet de mes attentions – un geste, un sourire, une parole de bienvenue. Et je vous salue selon la coutume du lieu.

Il n'est pas toujours facile de faire acte de politesse, et même de tendre la main, les règles et les usages fussent-ils bien établis. Il faut vaincre sa timidité, c'est-à-dire sa crainte de n'être pas reçu ; car il y a un risque. L'action ne sera complète qu'à deux conditions : que l'autre réponde et que la société approuve ce commerce. Trois choses sont ainsi à accorder : l'estime qu'on a de soi, la réponse de l'autre et le jugement de la société.

Il faut s'estimer assez soi-même pour accomplir sans trouble ni embarras l'action à accomplir. Acceptons de Descartes l'idée que l'estime de soi procède de la générosité, c'est-à-dire de la force d'une résolution libre, confiante d'elle-même. Cette confiance est ici mise au service d'un mouvement de sollicitation : je tends la main, j'attends qu'on me tende également la main, c'est-à-dire qu'on m'estime assez pour répondre à mon geste. Imaginez qu'on me refuse cette main. Ma journée est gâchée, je suis blessé ; pire : je perds mon assurance, je doute de moi. Plus précisément, cette estime que j'avais de moi-même vacille, car elle avait un complément qui m'a été refusé : l'estime de l'autre en retour. Je souffre de ne pas l'avoir obtenue. On appelle cela aujourd'hui le besoin de reconnaissance, en ajoutant, par euphémisme, que ce besoin est un droit, quand il faudrait avouer que c'est une faiblesse. Même le héros le plus fort a besoin de la considération d'un adversaire à sa mesure ; et à défaut, n'en doutez pas, il s'en créera un ; au demeurant, il n'est pas insensible à l'effet qu'il produit sur le commun peuple. Horace, après avoir tué Camille, laisse Sabine en vie pour qu'elle loue ses exploits (ce qu'elle ne fait pas). Ainsi, deux principes s'opposent : la générosité du Soi, sorte de vertu native, et la quête de l'approbation d'autrui. Qu'un des deux principes fasse défaut, et l'on obtient ou l'orgueil, superbe, ou la vanité, rampante.

Disons-le plus abstraitement. L'acte de politesse instaure une relation particulière entre deux particuliers. L'un prend l'initiative ; l'autre, qui est l'objet de la considération du premier, répond ou ne répond pas. Il est le bénéficiaire de l'action engagée qui le distingue et le met en valeur. Mais le mérite de cette action n'est réel que si elle est acceptée. En répondant à l'invite de l'initiateur, le bénéficiaire valide l'action. Il comprend que le premier a assez d'estime de lui-même pour l'estimer en conséquence, et l'estimer au point de lier le sentiment qu'il a de lui-même au jugement d'un autre. Bien évidemment, si, à son tour, il répond favorablement, alors, à l'acte répond l'acte, la relation se réciproque, les deux acteurs conviennent ensemble dans le même rapport. Ils consentent mutuellement dans le même esprit de concorde. L'action est alors complète.

J'entends le sociologue me dire savamment, statistiques à l'appui, et me prouver fort idéologiquement que tout cela n'est qu'affaire d'*habitus* et que la distinction à laquelle l'homme de qualité prétend n'est que la reproduction des conduites et des règles de sa classe sociale, reproduction qu'il a intériorisée sous forme de valeurs et de pratiques, les lois du conformisme n'étant pas les mêmes chez les ouvriers et chez les bourgeois [1]. Et d'ajouter : rien de plus significatif de l'individualisme bourgeois et de sa prétention à l'universalité, que cette valorisation de l'initiative de l'agent dans la politesse, que cette insistance portée sur le pouvoir supposé qu'il aurait de se distinguer dans ses actions et ses jugements, alors qu'il ne fait que répéter les usages et respecter les convenances : l'ouvrier n'entretient pas pareille illusion, il est plus immédiatement et plus naïvement solidaire de ses semblables.

Mais imaginez la situation suivante où il n'est pas indispensable de savoir si l'on a affaire à des ouvriers ou à des

---

1. P. Bourdieu, *La distinction, critique sociale du jugement*, Paris, Minuit, 1979.

bourgeois. Le lecteur excusera la modestie de l'exemple. Soit une grande voie de circulation coupée par une voie secondaire, frappée d'un stop. Le trafic est si intense que l'on roule au pas. Imaginez d'abord le stop remplacé par des feux. Le code de la route interdit qu'on s'engage dans un carrefour quand la sortie n'en est pas libre : il suffit ici d'appliquer le règlement. Mais il se trouve que c'est bien un stop qui est en place. Le véhicule sur la voie secondaire n'a aucune chance de pouvoir s'avancer, à moins de forcer le passage, ce qui est une faute, puisqu'il a le devoir de céder la priorité. Mais il faut bien qu'il aille à ses affaires. Le véhicule se déplaçant sur la voie principale hésite : il ne sait si la lenteur du débit lui garantit la sortie du carrefour. Lui aussi doit se rendre à ses affaires. Mais ce conducteur est courtois, il fait un signe de la main et laisse le passage. L'autre conducteur profite de cette politesse qu'il ne peut payer en retour ; il remercie d'un geste et se met à siffler un air. Ils sont contents l'un de l'autre. Rêvons un instant. Le second conducteur, au carrefour suivant, rend la politesse à un troisième conducteur et voici que tous les conducteurs, pris dans ce trafic chargé, font de même : la circulation ne s'en trouvera peut-être pas plus fluide, mais par association, de proche en proche, s'impose une sorte de sympathie générale, une sorte de concorde tacite ou d'accord discret qui n'est pas sans mérite et dont chacun retire une satisfaction d'amour-propre.

– Ah ! Au respect de la réglementation vous voulez ajouter les démonstrations de la courtoisie. Nous avons maintenant des conducteurs non seulement respectueux de la loi, mais socialement corrects. Au diable tout cela, vive le 4x4 !

Il est vrai que le propre de la politesse est d'introduire de la courtoisie ou, plutôt, de la convenance dans les relations que nouent les membres d'une société ; et, en les faisant convenir, concourir, elle instaure des convenances à respecter. Deux choses sont ici étroitement entremêlées : d'une part, deux (ou plusieurs) volontés conviennent entre elles et s'unissent dans une action ou un comportement partagé qui les fait s'accorder ; d'autre part, cette concordance actualise des usages et des valeurs qui sont en honneur dans la société considérée, et elle se matérialise dans des gestes ou des signes reçus, arbitraires dans le détail, mais en tant que tels indispensables. Il y a donc un double accord : par agrément entre les individus (on peut toujours se dérober aux convenances), par conformité des individus au corps social auquel ils appartiennent, conformité qui s'exprime dans les dispositions adoptées, dans les comportements prescrits, dans les valeurs acceptées. On ne peut nier tout le poids des usages, des traditions, des règles qui instaurent cette conformité dans les esprits, qui homogénéisent les conduites et font converger les volontés. Toutefois, une convenance, même s'il peut être difficile de s'y soustraire (les modes sont plus contraignantes que les sentiments moraux), dit ce qu'il est bon de faire, et non ce qu'on est obligé de faire. Et la politesse dégénère en formalités lorsqu'on change ce qu'il est bon de faire en obligation ; elle est alors réduite à l'application d'un code, écrit ou mental. Mais si on la prend dans son exercice, elle apparaît reposer sur un tout autre fondement, celui de la convention. Imaginez que participant à la rituelle cérémonie des vœux des corps constitués, je tende la main le premier au Président de la République qui s'ennuie ferme à cette revue fastidieuse. Selon le protocole, c'est une faute grossière et tous les regards se tournent vers moi en signe de réprobation. Mais le point n'est pas encore tranché. En tendant la main le premier en une telle occasion, j'ai pris une initiative, car je suis un des plus grands admirateurs du Président. Celui-ci peut ou bien « oublier » de me serrer la main, amplifiant ainsi ma faute et me laissant entendre la réserve qui aurait dû être la mienne ; ou bien, percevant peut-être la chaleur que je mettais à mon geste, me prendre la main avec ses deux mains et, me distinguant ainsi de la foule des notables, quoiqu'il ne me connaisse pas autrement, récompenser mon amour-propre par cet hommage tout particulier. Ce qui n'était qu'une cérémonie formelle prend un autre sens et le jugement social s'en trouve alors totalement modifié. Ainsi, selon que le rapport entre les particuliers débouche ou non sur une entente, la sanction publique change de nature. Et même dans le cas où mon geste a été refusé et qu'il est tenu par tous comme une maladresse ou comme une offense, c'est le Président qui, par sa réponse particulière au particulier que je suis, cause le sourire condescendant qui se dessine sur toutes les lèvres.

Cet exemple suggère qu'il y a deux sortes de facteurs à l'œuvre : d'une part, la convention entre les deux particuliers ; d'autre part, les conventions, les dispositions instituées par la société. Mais il suggère aussi que des deux facteurs, celui-là est *dans le principe* antérieur à celui-ci. Comment concevoir cette antériorité ?

Une convention n'est pas un pacte ou un contrat, elle n'engendre pas d'obligation, puisqu'elle ne renferme ni renoncement ni promesse. C'est moins un échange qu'un accord. Tout véritable échange suppose que l'on abandonne quelque chose pour obtenir une autre chose en retour ; et, l'action, qui se déroule dans le temps, a pour condition qu'on promette de respecter sa parole, et donc qu'on se plie à une obligation. Une convention ne lie pas aussi fortement les deux parties : c'est un simple agrément ou, si l'on veut, un échange sans contenu, qui n'exige pas qu'on renonce à quoi que ce soit ; d'où ce caractère superficiel, si souvent dénoncé, de la politesse. Ma politesse est gratuite, je ne dois rien à l'autre, de même que l'autre ne me doit rien. Toutefois, elle obéit à la logique de l'estime : la réciprocité de l'action n'étant pas obligée comme elle peut l'être dans un pacte, elle a ceci de paradoxal que je n'abandonne rien de moi-même ou de mes possessions et que néanmoins je n'hésite pas à risquer mon amour-propre, sachant qu'il n'y a rien de plus cruel que d'être déçu dans ses bontés.

Mais ce n'est pas assez dire, puisqu'il faut encore expliquer comment la convention entre les particuliers peut se terminer dans des conventions sociales qui débordent largement les individus et ont bien plus de durée que leurs actions particulières. Et le sociologue aura beau jeu de dénoncer alors les illusions de la distinction, les particuliers se donnant l'apparence de satisfaire d'eux-mêmes et ensemble à des usages établis et qu'ils sont de toute façon dans la nécessité d'observer. Car, à défaut d'obligation, il y aurait bien nécessité.

La politesse ne coûte rien, disais-je, sinon à l'amour-propre. Il est vrai qu'un manquement à la politesse pouvait coûter fort cher en des temps plus anciens, quand les mécanismes de sélection et d'exclusion sociale jouaient d'une manière plus rigoureuse. Mais la politesse est une chose, le poids social qui lui est accordé et la sanction qui lui est adjointe, en sont une autre. Je montai hier dans le tramway, un jeune individu fumait ostensiblement, les pieds bien étalés sur la banquette opposée : plus qu'un délit et une incivilité, c'était la volonté caractérisée de heurter par une incorrection affichée le voyageur en quête d'un siège. Le délit ne fut pas réprimé, l'incivilité ne fut pas relevée sinon par le vide qui s'était créé dans cette partie de la rame, et tout le monde attendit benoîtement et un peu lâchement que la cigarette fût terminée. Pour triompher, il suffisait au fumeur de ne pas soumettre son amour-propre au jugement social, ce qui lui permettait au demeurant de le satisfaire à bon compte. La loi de l'opinion n'a de force que celle que l'individu lui concède – un individu, il est vrai, déterminé par son éducation et son environnement, mais qui peut toujours se montrer assez inconscient, assez imprudent ou assez libre pour s'en affranchir. Et l'amour-propre n'est jamais que là où on le place : le jeune individu en question exposait fort complaisamment ses baskets toutes neuves.

La politesse, même du cœur, est ostensive ; elle met en avant et en représentation le Soi, fût-il sincère ; et nous avons dit le risque qu'on prend à apparaître aux autres. Mais l'apparence a une fonction ambiguë : elle livre et elle cache. Passer de l'être à l'apparence – et il n'y aurait pas de vie sociale sans cela – suppose toujours qu'on se commette, quoique livrer quelque chose de soi en particulier serait une maladresse, sinon une impolitesse, du moins dans les gestes de la politesse ordinaire. Le mouvement est donc double : de mise en avant et de réserve ; on ose (les plus timorés n'iront pas au-delà de ce que les bonnes manières exigent) et l'on se tient néanmoins en retrait. De sorte que l'on est véritablement acteur, on paie de sa personne, et que pourtant, grâce à la distance que l'on conserve par rapport à sa propre conduite, pour n'être pas blessé si elle n'était pas payée de retour, on se tient dans la position d'un spectateur gardant sa réserve et suffisamment désintéressé pour considérer et évaluer l'action en cours. En effet, si la politesse nous fait rentrer activement dans le jeu « charitable » des amours-propres et œuvrer pour une satisfaction réci-proque, elle ne laisse pas de nous maintenir dans un certain détachement ; un détachement utile, car il nous faut réussir à proportionner nos conduites ou nos gestes aux circonstances, à la société présente, à la personnalité ou à la condition de l'autre (par exemple, dans le choix des signes observés) ; et aussi à évaluer la réponse qui nous est faite; à apprécier le degré d'estime mutuelle auquel porte la relation; à valider enfin l'action complète au regard de la société. La politesse est geste, elle est aussi jugement (souvent sous la forme modeste d'un simple sentiment). Elle ouvre un champ de valeur (en puisant éventuellement dans les valeurs reçues) et, si l'autre répond favorablement, alors de son consentement et de la convention qui en résulte, naît le sens partagé d'une convenance supérieure, et peut-être la conscience d'un ordre de mérite commun.

On objectera que c'est beaucoup accorder à des actes le plus souvent banals, qui sont l'effet de l'habitude, et que, de toute façon, l'ordre des valeurs a été préfixé par la société et qu'il est régi par la loi de l'opinion. Mais la dynamique de l'estime permet d'inverser l'argument et de dire qu'étant à l'initiative de chacun la politesse ne se commande pas, quand bien même elle prend des formes reçues; et qu'indépendamment de la loi de l'opinion et de sa sanction par l'éloge ou le ridicule, elle peut faire convenir les hommes dans le même sentiment d'une communauté méritante.

Nous sommes doublement liés à nos semblables : par des sentiments personnels et par les normes sociales que nous partageons. Mais la violence des passions et la force des lois ne peuvent faire oublier ceci qui est élémentaire : comment s'accommode-t-on à l'autre? Comment fait-on pour prendre un siège dans un tramway bondé, entre un gros homme et une jeune mère qui a son enfant sur les genoux? Comment apprivoise-t-on l'autre? Comment, par une nuit noire, croise-t-on un passant? Comment, dans une réception, s'adresse-t-on à une femme qu'on ne connaît pas? Comment en vient-on à estimer l'autre, car l'autre n'est pas quelconque, et à l'introduire dans la vie qu'on mène, à la place qu'il mérite? Et je ne parle pas de l'Autre en général, mais de Pierre ou de Julie, du Président ou du clochard qu'on ne fait pas semblant d'ignorer. Il faut amorcer la relation, et l'amorcer comme il convient. Il faut lui donner de la valeur et aussi une forme, à partir de ce commencement qui ne se commande pas et qui est cependant déterminant. Tel est le domaine de la politesse, de la politesse du cœur, si l'on tient à ce mot.

Imaginez ce cas de politesse, peut-être devenu rare aujourd'hui, mais ô combien délicat et périlleux, celui de la déclaration d'amour. À la source une passion, supposons-la sincère, animée, mais trop timide : on ne tombe pas si aisément dans les bras l'un de l'autre. Or, l'état d'amoureux transi n'étant guère enviable, il faut à la fin prendre sur soi, oser, risquer de tout gagner ou de tout perdre, *lui* adresser un signe qui en dise assez sans en dire trop. On prépare la situation, on soigne sa tenue. On s'interdit toute invitation vulgaire ; développer les artifices de la séduction serait indigne. Quel geste, quelle parole ? Un geste de demande, certes, une parole de prière, oui, on se sent très humble, mais il faut aussi que ce soit quelque chose qui *l'*honore ; et pour bien honorer il ne faut pas soi-même quitter sa dignité. Osera ? On a osé. La réponse vient : un remerciement évasif ou une parole glaciale, d'une laconisme insupportable ; on rentre sous terre. La réponse vient : un sourire de consentement ou un éclair dans les yeux. Le doux commerce peut commencer. Ce n'est pour l'instant qu'un accord, que la convention de deux amants dans un sentiment nouveau et partagé, il ne faut pas aller trop vite ni trop vite s'abandonner au désir. Ce n'est pas un pacte, l'engagement se fera le jour du mariage qui créera des obligations, il faudra bien alors renoncer à quelque chose pour assurer son bonheur. Dans cet état de politesse raffinée, dans cet instant délicieux et éphé-mère de courtoisie et de retenue, on reste sur une réserve timide, mais on se sent tout exalté de l'estime dont on est l'objet et que l'on tente de rendre au centuple; et l'on a le sentiment d'être grandi et que cette action sublime de consentement mutuel sera inscrite au tableau des valeurs dans les registres de l'amour éternel, tant elle a de justesse et de grâce. Ah! Vous souriez? Tout ceci est suranné? Il faut vivre, dites-vous, des sentiments plus forts, des ravissements plus rapides, passer d'un trait du désir au mariage? Vous avez tort... Vraiment, vous avez tort.

QU'IL EST BON D'HONORER SES SEMBLABLES

L'autre n'est pas quelconque. Nous ne laissons pas de distinguer ses mérites et de lui accorder de la valeur. Sur ses apparences, il est vrai, mais comment le connaître autrement?

Nous avons assurément de nombreuses façons de prendre les hommes: en sympathie, quand nos sentiments s'associent aux leurs; en jalousie, quand nous voyons en eux des rivaux; par violence ou dédain, quand nous les traitons comme un moyen pour satisfaire nos intérêts et nos calculs; dans une indifférente curiosité, quand nous les saisissons comme des objets de connaissance ou d'examen; en toute estime, quand nous leur rendons honneur; ou par devoir, quand nous reconnaissons en chacun d'eux un sujet moral ou politique. Quel que soit le rapport, nous les apprécions, nous les évaluons, nous les mesurons, nous leur donnons une valeur ou un prix. Il serait hypocrite de prétendre le contraire. Même la charité la plus dévouée estime le poids de l'autre. Bien sûr, en réponse, nos semblables peuvent prétendre qu'ils ne gagnent ni ne perdent à notre manière de les embrasser et qu'il leur suffit d'être eux-mêmes. Voire! Nous vivons en société.

Il y a deux sortes de valeur ou deux manières d'apprécier un être humain. Ou il est posé différent par soi et donc incomparable et donc absolu en sa singularité; ou, étant comparé aux autres hommes, il est appréhendé relativement : différent certes, mais sur le fond de ce qu'il partage de commun avec ses semblables. Il est de bon ton aujourd'hui de considérer que le respect dû à autrui commande qu'on le prenne absolument. Cette opinion n'est toutefois pas sans conséquence. Et il est facile de le montrer. Si je tiens l'autre pour différent par soi et non relativement à moi, et donc comme étant radicalement singulier, alors je ne puis jamais prétendre le connaître dans sa qualité ou dans sa réalité particulière, je le fais unique, j'en fais un principe ou, comme dit Kant, une fin en soi. L'avantage est que j'accorde ainsi à mon prochain la plus grande valeur qui soit, une valeur par soi. Mais l'inconvénient est tout aussi manifeste : je ne puis déterminer concrètement cette valeur ou, dit autrement, en expliciter le mérite, car je fais abstraction de toutes les distinctions relatives, de tout ce qui fait l'épaisseur des hommes : leur condition, leur nation, leur époque, leur personnalité, leur dignité, leur compétence, etc.

Prenez la vie politique. Elle concerne des citoyens qui, dans un régime démocratique, au moment des élections, ont chacun une voix, c'est-à-dire auxquels on a reconnu un égal pouvoir de jugement et de décision libre, quant à l'intérêt général. Cette égalité morale et civile est promue par la Constitution qui n'a à connaître que des sujets de droit et qui détermine ce qu'il faut accorder à chacun ou exiger de chacun, selon les principes de justice. Mais, la chose a été souvent dite, cette égalité où s'exprime sur un mode normatif la coexistence de citoyens entièrement responsables, est une égalité abstraite, l'électeur étant né dans sa concrétude au moment même où il est posé comme principe. Lors d'une élection, la voix de chaque citoyen a le même poids; mais qui prétendra qu'un représentant du peuple, dûment averti des questions politiques du moment, et un honnête citoyen qui n'a que la télévision pour source d'information sont à même de juger également les affaires de l'État? Du citoyen-principe, vous ne tirerez rien sinon la règle qui conditionne une élection démocratique et le droit d'affirmer que c'est la volonté générale qui s'est exprimée; mais si vous voulez connaître les diverses aspirations de vos concitoyens, leurs intérêts divergents, leurs difficultés d'existence, il vous faut des réunions publiques, des entretiens, des sondages: toute méthode pour déterminer, comparer, mesurer, proportionner le bien et la vie de chacun, et pour définir ce qu'est le plus grand bien pour une meilleure vie du plus grand nombre.

Semblablement, du règne des fins vous ne tirerez jamais rien sinon la représentation de votre devoir, et toute l'économie des passions dans leur relation à autrui vous restera inconnue. Cette économie, Hume[1] l'expose fort bien à partir de deux principes: celui de la sympathie qui fait que mes passions ne laissent pas de communiquer avec celles des autres, et que je réponds toujours en quelque degré et parfois malgré moi à leurs sentiments; et celui de la comparaison, celui de la variation de mes sentiments et de mes jugements à leur égard, selon le rapport qu'ils soutiennent avec d'autres objets, et d'abord avec moi-même. Je suis porté, comme tout un chacun, à m'apprécier au plus haut prix et à céder à un orgueil intempérant. Mais par la sympathie, j'entre dans l'appréciation que l'autre entretient de lui-même et je puis éprouver

---

1. Hume, *Traité de la nature humaine*, III, 3, 2, trad. fr. Leroy, Paris, Aubier, 1962, t. II, p. 718 *sq.*

un sentiment d'admiration à son égard, qui se traduira éventuellement en un sentiment d'humiliation pour ce qui me concerne. Or, la comparaison s'appuie sur des considérations de rang, d'état, de mérite ; elle emmagasine toutes les distinctions existantes ; distinctions que la sympathie module en leur donnant un écho au fond de mon âme. Il va de soi que cela peut jouer en ma faveur : rien n'est plus louable que de s'estimer soi-même si l'on a réellement des qualités estimables, et l'on ne manque pas de telles qualités. Le propre des passions est ainsi de se composer entre elles, ainsi qu'avec les idées ou les représentations ; elles font toute la densité de la vie sociale.

En jugeant de la valeur relative d'un homme, nous disons son mérite (et subsidiairement le nôtre), c'est-à-dire ce par quoi il se distingue. Ce mérite se mesure à ses intentions, à ses actions, aux conséquences de ses actions rapportées à ses capacités, mais aussi à la constance de ses comportements, au tour vertueux de sa conduite, mais encore à son apparence, à sa tenue corporelle, à la propreté de ses vêtements, et également à la chaleur de son accueil, à la beauté de son épouse et à l'éducation de ses enfants, à l'étendue de ses biens…

– Comment ? Quoi ! Un riche aurait-il plus de mérite qu'un pauvre ?

– Dans le principe, un pauvre a autant de valeur qu'un riche. Dans la réalité, il y a des riches et des pauvres. Soulignons, au demeurant, qu'il faut plus de courage à celle qui compte ses fins de mois qu'à celui qui dépense sans souci. Et le courage fait aussi partie du mérite. Il convient donc de peser, comparer…

– Mais tout peut alors entrer dans le mérite et se comparer à n'importe quoi…

– Tous ces attributs que je viens de mentionner font la particularité de l'individu : ce qu'il est proprement et qui n'est pas dans les autres ou qui est autrement dans les autres ; ce qui lui appartient en propre et que ne détient pas son voisin. Ils font sa qualité ; sa qualité manifeste, car je ne puis apprécier une qualité que sur la base d'apparences. Définissons donc le mérite comme étant l'être propre évalué et jugé. Et pour évaluer et juger, il faut des critères, des signes, des échelles de comparaison, tout un appareil de mesure et de classification.

– La valeur de l'individu est donc entièrement livrée au jugement social. Vous ne distinguerez jamais de la sorte que des personnes en vue, des notables ou des stars, toutes gens réputées d'exception qui savent au demeurant se faire valoir.

– Le jugement social est aussi notre jugement ; l'un fait l'autre et réciproquement. Mais la politesse fait bien davantage. Elle se porte au-delà du mérite et des signes, elle honore son objet.

L'acte de politesse le plus modeste, disions-nous, est un acte d'élection. Je distingue du commun celui ou celle (ceux ou celles) à qui je fais mes politesses. Il me faut pour cela un motif : ce sera quelque trait apparent de la personne, quelque qualité manifeste, quelque mérite reconnu par lequel elle diffère des autres, puisqu'il se peut en effet que je ne la connaisse pas vraiment et que je ne puisse ni ne souhaite entrer dans son intimité. Je m'arrête à cet attribut, je retiens cette qualité qui fait son mérite, je fais parfois abstraction d'autres propriétés également apparentes. C'est la politesse de l'homme pour la femme, de l'âge pour la jeunesse, et inversement ; c'est la politesse du rang supérieur pour le rang inférieur, et inversement ; et rêvons un peu : ce peut être la politesse du puissant pour le faible qui, dignité oblige, se fera un devoir de la lui rendre. La politesse, disions-nous encore, est une relation particulière entre des personnes particulières. Cela ne signifie pas pour autant qu'elle soit une relation privée. Autrui, pris dans son particulier, n'est pas son âme profonde ni son être intime, mais ce qui s'extériorise de lui et ce qu'un regard étranger appréhende de lui dans sa manière d'être relationnelle : son corps, ses attitudes, ses comportements, ses mœurs, son discours, sa condition, et tout le contexte dont il est solidaire ; en un mot son importance : l'importance qu'il se donne à lui-même, l'importance que la société où il vit lui donne. Et il faut résister à la tentation de vouloir ressaisir son prochain dans sa vie personnelle et son être concret, ce serait s'en emparer : fût-on animé de l'intention louable de mieux cerner, comme on dit, sa personnalité, on finira par enregistrer son ADN. On ne protège jamais si bien la sphère privée que dans l'approximation d'une généralité abstraite. Les moralistes classiques se contentaient de décrire des caractères où chacun avait la liberté de se reconnaître : le distrait, le vantard, le maladroit, etc. C'était une méthode prudente. On publie et on met en scène aujourd'hui des récits de vie, c'est faire de l'impolitesse ou de l'impudeur une méthode. La politesse ne tente pas de pénétrer la sphère privée, elle s'arrête aux apparences et les retient dans leur généralité. Mais, par ce moyen même, elle distingue la personne, elle la privilégie plus qu'une autre et la tient en honneur devant le reste de la société. Comment cela se fait-il ?

Toute qualité est observable. Mais le degré ou la perfection de cette qualité dans la personne, nous ne pouvons l'observer. Nos hommes politiques sont honnêtes, mais avec quelle détermination ? Moi-même, je suis un citoyen honnête, quoique… Et pourtant il n'y a pas de qualité qui n'ait un degré ; mieux, comme l'observait Leibniz, il n'y a pas de qualité dont le degré ne modifie la nature. Imaginez que je sois assis dans le tramway. Une personne âgée monte. Elle a toutes les marques de l'âge. Mais quel est le poids réel de son âge ? Je puis lui demander sa date de naissance, mais je ne saurais pas vraiment combien sa vie est âgée. C'est une vieille dame bien mise de sa personne, presque coquette. Je suis plus jeune, mais j'ai eu une journée harassante. Je suis tenté de comparer combien il nous est pénible à l'un et à l'autre de rester debout. Mais comment trancher ? Je lui cède donc ma place. Qu'ai-je fait ? J'ai pris l'initiative, en me levant, d'accorder à son âge une valeur telle que je lui cède ma place. Son âge lui vaut ma complaisance ; mais ma complaisance lui vaut l'honneur de son âge. Telle est la puissance de l'estime : par l'hommage rendu, mettre en honneur une propriété observée, un mérite remarqué, et le porter plus haut qu'il n'est.

Considérons le rapport entre l'homme et la femme, domaine privilégié, s'il en est, de la politesse. Seuls existent les individus, Pierre et Jean, Hélène et Elisabeth ; ils existent par soi. Accordons à chacun par principe une valeur absolue. Cela ne me dit pas comment me comporter envers Pierre ou Hélène quand j'entre en relation avec eux. Il est clair que Pierre a un certain nombre de propriétés observables qui font de lui un homme, et Hélène une femme. Je suis moi-même un homme et je rencontre Hélène. Je perçois d'Hélène plusieurs propriétés qui me permettent immédiatement de reconnaître son sexe et d'autres qui, additionnées, me permettent de la distinguer comparativement d'autres femmes. Elle ne manque pas de mérite. Quant à dire que j'appréhende sa féminité même, car c'est cela que j'honore en elle par mon acte de politesse, je n'oserais y prétendre, quoique j'en saisisse bien les apparences. Car la féminité n'est pas une qualité supplémentaire, ni une propriété naturelle qui, étant plus subtile, serait plus difficile à saisir. C'est, en vérité, l'idéalité d'Hélène, c'est l'ensemble des qualités que j'observe en elle et qui font son mérite, mais élevées à la perfection. Tel est le mouvement de la courtoisie que je mets dans ma conduite : porter à l'idéalité. Les attentions que je témoigne à Hélène peuvent être de celles que l'usage commande de rendre aux femmes, et la modestie peut me conseiller de ne pas aller au-delà. Peut-être est-elle légèrement froissée du fait qu'étant trop poli je ne m'intéresse pas davantage à ce qu'elle ressent, à ce qu'elle pense, à ce qu'elle dit d'intéressant. Toutefois, par l'hommage que je lui rends, par les marques d'estime que je lui accorde, je suis conduit à lui attribuer une excellence qui l'étonne. En tire-t-elle vanité pour son amour-propre ? Ce serait dommage. Me répond-elle avec la même politesse distinguée ? Nous entrons alors dans la dialectique de l'estime dont Montaigne suggérait qu'elle est un puissant ressort de perfectionnement. Encore une fois, ne me demandez pas ce qu'est la féminité que j'honore en cette femme, c'est elle-même et plus qu'elle-même, c'est cette excellence d'être par où je la tiens en estime. Me direz-vous qu'elle n'en mérite pas tant ? Le propre de l'estime est de se régler sur les valeurs qu'elle honore. Me direz-vous que toute politesse rendue ne mène pas à des sommets aussi sublimes ? Rêvons ensemble que tout geste de politesse soit animé par une telle intention ; les êtres humains s'en trouveraient meilleurs.

La vie en société suppose qu'on observe des règles ou des usages qui la rendent plus facile. On s'y plie d'ordinaire par principe ou par habitude. Ce sont des formalités qu'il faut respecter pour entretenir l'harmonie sociale, quoique par elles soit consacrée la distinction des rangs, des classes, des pouvoirs, et parfois servie l'injustice. Assurément, j'accorde à chaque être humain que je rencontre une valeur par soi, ce qui est un principe d'égalité. Toutefois, dans les faits, les distinctions ont cours, elles sont attachées à la fonction, à la puissance, à la richesse, parfois à l'impudence. Moi-même, j'ai une position sociale. Dois-je l'avouer, je n'ai pas les mêmes égards envers mes supérieurs et envers mes inférieurs. Mais je ne prétends pas que ce soit la faute de la société si je traite inégalement mes semblables. Cette société je l'accepte, non sans espérer l'aider à se réformer; c'est pourquoi je sacrifie aux règles de la politesse. Prenons le cas le plus facile : Imaginez que j'aie affaire à une personne d'une autorité reconnue et à laquelle je rende toutes les marques d'un respect légitime. S'il y a autorité de son côté, il y a obéissance du mien; et si j'obéis, quelles que soient les bonnes raisons que j'ai d'obéir, je courbe la tête ou je plie le genou. Et comme tous les égards que je montre pour cette personne renforcent cette sorte de relation ambiguë, j'aurai toujours le sentiment désagréable d'avouer ainsi mon infériorité ou ma faiblesse. Je suis à Londres, la reine d'Angleterre passe dans son beau carrosse doré, les Londoniens l'acclament avec ferveur. J'éprouve une vague jalousie envers ce luxe ostentatoire, la jalousie de l'anonyme que rien ne distingue. Toutefois, sans rien perdre de mon âme républicaine, je me joins aux vivats. La voici, c'est bien elle avec sa couronne. Elle accroche une seconde mon regard, elle a un sourire un peu crispé. Je suis de ceux qui tentent de résister aux enthousiasmes de la foule, mais j'ai assez d'estime de moi-même pour estimer cette femme qui exerce sa fonction avec un grand scrupule, une fonction royale à laquelle, par politesse envers les Britanniques, j'attache une réelle dignité. Privée de sa couronne, la reine serait une femme commune que personne ne reconnaîtrait dans le tub. En l'honorant dans son carrosse avec le reste de la foule, je grandis sa personne, je l'élève à la hauteur de son rôle. Elle est la reine d'Angleterre. C'est une manière d'exiger d'elle un haut degré d'achèvement : achèvement de la fonction, quoique, je l'ai dit, je préfère la république à la monarchie ; achèvement de la personne qui, ainsi élevée, trouve dans sa qualité de reine des devoirs à remplir ; achèvement d'un vieux pays pour lequel j'ai de l'amitié. Il ne s'agit, me direz-vous, que de l'une de ces manifestations chères à une royauté en déclin. Et pourtant, par l'estime et le respect dont je fais preuve, par cette politesse que je rends, moi étranger, j'honore un grand pays dont les accomplissements ont marqué l'histoire et la civilisation européennes.

Ainsi la politesse ajoute. Elle ajoute aux relations sociales, assurément : elle les rend plus aisées et plus commodes. Mais elle ajoute surtout aux êtres humains : elle travaille à les rendre meilleurs. Qu'ajoute-t-elle ? Elle leur apporte leur humanité.

DONNER DE L'HUMANITÉ

La politesse ne se réduit pas à l'art de tenir sa tasse de thé ou sa cuiller. « Tiens-toi droit », dit son père à l'enfant qui met son nez dans l'assiette. Le commandement est bon, il y va de sa santé future, il faut prévenir les risques de scoliose. Mais il ne s'agit pas de cela. On demande, en fait, à l'enfant de montrer sa bonne éducation, de faire honneur aux convives, car le spectacle de la gloutonnerie crée une gêne qui gâte les plaisirs de la table : comment converser, comment échanger des regards ou des sourires ou des sous-entendus, si chacun, le dos voûté, est plongé dans son assiette ? Mais il y a autre chose encore. Le spectacle d'un corps courbé tout occupé d'engloutir sa nourriture est une offense faite à l'humanité des autres convives, « car c'est à l'homme surtout, parce qu'il se dresse droit, qu'appartient le privilège d'avoir sa partie la plus haute dans le même sens que le haut du monde entier »[1]. L'homme a la tête dans les étoiles. C'est un devoir d'humanité que se tenir droit.

La politesse ne se réduit pas à l'art de se vêtir selon des canons reçus. Quoiqu'il y ait une certaine propriété du vêtement et qu'il faille accorder sa tenue aux lieux, aux temps et aux hommes. Entrer dans une cathédrale dans les atours conquérants du touriste, chemise ouverte, en mâchant un chewing-gum et en fusillant les voûtes avec son numérique, est une conduite inconvenante, même si l'on n'est pas croyant. Depuis qu'Adam et Ève ont perdu leur innocence, la nudité est impudique, si elle n'est pas spirituelle; depuis l'arche de Noé, les ruminants ne sont plus ordinairement admis dans les lieux sacrés; et depuis que les hommes ont des yeux et des oreilles, c'est par leur regard et par leur silence (ou leur harmonie intérieure) qu'ils entrent en rapport avec la majesté du lieu ou qu'ils honorent la grandeur de Dieu. Mais plus encore que violer des convenances, se conduire de la sorte, c'est aux yeux de tous offenser dans leur humanité ceux qui bâtirent autrefois la cathédrale et ceux qui aujourd'hui y prient, c'est aussi aux yeux des croyants faire preuve d'une vulgarité impie. C'est un devoir d'humanité que respecter les lieux sacrés.

Mais qu'est-ce donc enfin que l'humanité des hommes? Serait-il donc trop simple de dire que c'est la nature humaine, la condition humaine et la perfectibilité humaine réunies, c'est-à-dire l'ensemble des attributs qu'ils partagent en commun et qu'ils peuvent développer? Que c'est ce qu'ils sont, ce qu'ils peuvent faire et ce qu'ils doivent faire? Que c'est ce par quoi l'on peut comparer l'espèce humaine avec les

---

1. Aristote, *Petits traités d'histoire naturelle*, « De la jeunesse et de la vieillesse, de la vie et de la mort et de la respiration », 467 b 5-6.

autres espèces vivantes pour marquer sa supériorité naturelle, ou rapprocher cette engeance de pêcheurs de la sainteté des anges pour mieux marquer son infériorité morale ? Consacrons notre étude à l'histoire naturelle, à l'anthropologie et à la morale ! Et pourtant, aucun humanisme, même mesuré, ne se contentera jamais d'une telle réponse. Car la question : *qu'est-ce que l'humanité de l'homme ?* demande tout autre chose : *quelle est la valeur de l'homme et de ses œuvres ? Selon quel principe est-il susceptible de se perfectionner ? Dans quelle dimension peut-il ou doit-il accomplir ses fins ? Quel progrès peut-on attendre dans ce qu'il fait ?* Questions naïves s'il en est, mais questions pratiques qui imprègnent les actions humaines. Bref, l'humanité des hommes n'est pas une qualité dont la nature les aurait pourvus ou qu'elle leur aurait fixée comme fin. Leur humanité est bien plutôt le procès intensif de leur humanisation, et la politesse en est l'un des opérateurs. Expliquons ce point.

Imaginez le scénario suivant, avec toutes les lenteurs d'un film catastrophe :

La rame de métro fonce dans le tunnel. Il y a du monde dans la voiture, mais ce n'est pas la grande affluence. Peu de conversations. Inévitablement, un portable. Les voyageurs sont repliés sur eux-mêmes et sont dans cet état de sauvagerie morose dont je parlais. Seul un enfant, qui se cache contre sa mère, sourit aux mimiques d'un homme qui tente de l'amuser. Soudain, c'est le choc, la rame se désarticule et une fumée se répand dans le tunnel. Il n'y a plus que l'éclairage de sécurité. Tous se précipitent pour s'échapper. On se bouscule, on s'écrase, on se bât pour passer. L'enfant n'a aucune chance. Un utilitariste essaie de faire valoir qu'il ne faut songer qu'au plus grand bien pour le plus grand nombre et tente en vain d'endiguer la panique. Une kantienne convaincue (c'est possible), se souvenant de l'impératif catégorique, attend héroïquement que tous soient sortis pour s'avancer. La mère tient son enfant contre elle et pour le sauver se jette dans la bataille. Un homme la repousse brutalement, il a oublié cette règle de politesse, pourtant élémentaire, qu'il faut sauver d'abord les femmes et les enfants.

Nous vivons une grande époque et le métro est certainement une belle réalisation de la technique moderne (un plan d'urgence a d'ailleurs été immédiatement déclenché). Et pourtant, dans cet exemple dramatique, chacun lutte pour sa survie au mépris de la vie des autres. L'amour de soi se rallume, attisé par la panique. C'est la guerre de tous contre tous, chacun revendiquant le droit de ne pas mourir sans raison dans un stupide accident du métropolitain. Et, en un instant, vingt siècles d'éducation et de polissage sont réduits à néant; chaque Soi, affolé, a repris le dessus, balayant tout respect de l'autre, tout sens de la solidarité sociale ou de la communauté humaine. Rappeler en ces circonstances les règles de la courtoisie et de la politesse serait du plus grand comique, si l'on avait le goût à rire.

Toutefois, ces vingt siècles de civilisation n'ont pas été totalement vains : au moins deux personnes résistent à la panique et essaient de modérer leurs compagnons d'infortune : l'utilitariste fait appel à leur capacité de raisonnement, la kantienne à leur sens du devoir. En vain, sans doute, car un boxeur à forte carrure et prêt à cogner serait plus efficace pour réintroduire un début d'ordre. Mais ils ont cette supériorité sur le boxeur de s'estimer assez eux-mêmes pour réfréner leur peur et prendre en considération le bien de leurs semblables au péril de leur propre vie, et d'avoir une opinion assez bonne de leurs compagnons d'infortune pour espérer leur faire entendre raison et tenter de les ramener à des sentiments plus humains.

Et puis il y a la mère. Elle n'est pas moins acharnée à s'extraire de la voiture que les autres et elle tient serré son enfant. Mais nous lui devons de le faire d'abord pour cet enfant et d'être prête à se sacrifier pour le sauver. Sa furie prouve qu'il y a deux ressorts dans l'âme humaine : l'amour de soi, cette passion fondamentale par laquelle la Vie sert la Vie, égoïstement, et la bienveillance, ce sentiment beaucoup moins bruyant, mais qu'on trouve chez certains et que, par esprit de charité, on se fait un devoir d'attribuer à tous. Il est vrai que dans notre scénario cette bienveillance, ne va pas plus loin que l'amour maternel ni ne s'étend au reste des hommes ; elle donne plutôt à la mère une nouvelle énergie pour repousser ceux qui lui barrent le passage. Ajoutons que ce n'est qu'une affection naturelle, une passion rendue violente par les circonstances. En un sens, c'est toujours le Soi qui domine : il a seulement élargi sa sphère pour y comprendre l'enfant. Toutefois, il apparaît, en un autre sens, que l'amour que porte la mère à son enfant est assez fort pour qu'elle se détache de son propre intérêt, au point d'être prête à se sacrifier. Ainsi, l'amour maternel est-il une première forme de dévouement au bien d'autrui, dévouement encore borné à l'intérêt de l'enfant. Et c'est un fait que, si la bienveillance est la passion la plus simple qui nous pousse à travailler au bonheur d'autrui, elle reste toujours une affection limitée par son objet : nul n'est spontanément bienveillant envers *tous* les hommes, car nous ne voulons d'abord que le bien de nos proches ; et c'est une des tâches importantes de la civilisation que d'élargir le cercle, de la famille à la tribu, du village au canton, de la société féodale à l'État moderne, de l'échelle nationale à l'échelle internationale.

Apeuré par les cris et la violence qui l'environne, l'enfant pleure et retarde les efforts de sa mère. Il est incapable, à cause de son jeune âge, de lui rendre la bienveillance qu'elle lui porte. C'est pourquoi le sentiment maternel ne se développe pas encore en un sentiment d'humanité, quoiqu'il puisse en être l'amorce. Car il faut qu'au sentiment réponde le sentiment pour que se noue une telle relation d'humanité. Imaginez qu'un voyageur voyant l'impuissance de la mère à forcer le passage soit pris de commisération et qu'il lui vienne en aide ; d'ailleurs, c'est celui qui faisait des mimiques à l'enfant. Négligeant son propre intérêt et sensible à la détresse de la voyageuse, il s'offre à lui apporter son secours. Elle le remercie d'un pauvre sourire et ils luttent de conserve. Au sentiment a répondu un autre sentiment. C'est un début d'humanité, il est vrai entre ces deux personnes seulement. C'est aussi un début de politesse, presque instinctive.

La conduite du voyageur s'est modifiée, il résiste à la panique. Ce sentiment qu'il éprouve pour la mère et l'enfant, il l'étend maintenant à ses autres compagnons d'infortune. Plutôt que de se battre, il les implore en faveur de ses protégés, de sorte que cette humanité qu'il vient de découvrir sienne, il l'espère, il l'attend des autres, il n'a plus d'autre ressource. Supposez qu'il ne soit pas déçu dans sa confiance : on laisse passer la mère et l'enfant. C'est une première entente, fondée sur une complaisance réciproque, sur un sentiment enfin commun, d'où naît le sens d'une humanité partagée, d'une dignité qu'on éprouve en soi et qu'on place en l'autre.

Imaginez encore que la vieille dame du tramway dont je parlais tout à l'heure, soit dans cette rame accidentée. À cause de sa faiblesse, elle n'a pu s'extraire de la tôle tordue ; toutefois, au risque de heurter ceux qui souffrent (elle-même est blessée), elle commence à chanter le *Temps des cerises*. Les voyageurs ont cessé de se battre, ils hésitent, ils font mécaniquement quelques gestes d'entraide à l'exemple du premier voyageur, et sont émus par le courage de la vieille dame. Ils se font même quelques politesses, bien que le moment ne soit pas propice aux formalités. Ils ont moins de hâte dans leurs mouvements, moins de violence dans leurs passions, et prennent le temps de faire un sourire, d'avoir une attention. Un lien d'humanité se forme, encore limité au wagon accidenté, et seulement de chacun à chacun, au plus proche ; un lien qui n'a de force que de l'humanité qu'ils mettent en eux-mêmes et dans les autres, mais tel que, reprenant de la hauteur, si l'on peut dire, ils regagnent l'estime d'eux-mêmes et placent les autres en honneur et respect. Mais la vieille dame fait bien davantage : par sa liberté d'âme, elle universalise ce lien pour instruire tous les hommes de ce qu'il y a de meilleur en eux ; c'est pourquoi l'on entend son chant jusque dans cette mine de Chine où, au même moment, un coup de grisou a enfermé cinquante pauvres diables dans les profondeurs de la terre. Politesse exquise par laquelle la bienveillance s'affranchit de ses limites et se change en un sentiment de l'universel, sentiment élevé qui se nourrit de la certitude que « l'humanité d'un homme est l'humanité de tout homme, et [qu']un même objet [l'homme] excite cette passion dans toutes les créatures humaines » [1]. La vieille dame sourit à celui-ci, a un petit geste d'encouragement pour celle-là, et elle chante pour chacun, pour tous et pour elle-même. Nous avons dit que la politesse fixait des rapports entre les hommes qui étaient toujours particuliers, quoiqu'ils ne fussent pas privés, et qu'elle était toujours un facteur de distinction. Or, en le distinguant de la foule, l'estime honore son objet de sa capacité à se montrer

---

1. Hume, *Enquête sur les principes de la morale*, trad. fr. M. Malherbe, Paris, Vrin, 2002, p. 131.

humain, mais de telle façon que cet honneur rejaillit sur la foule, qui cesse dès lors d'être une foule pour devenir une communauté unie par un lien, un lieu d'humanité précisément. C'est une sorte de pari : que les hommes ne peuvent se réunir que dans le meilleur d'eux-mêmes, que dans l'excellence de leur existence et de leur conduite. Ne cherchez pas le contenu de cette excellence : c'est ici le chant de la vieille dame repris par les voyageurs. Répétons-le : dans ce procès de la politesse, chacun peut s'estimer lui-même meilleur qu'il n'est et surestimer avec candeur ses semblables, et cela dans une relation partagée qui va se généralisant en se confirmant. D'aucuns appellent cela la civilisation.

Nos deux philosophes, l'utilitariste et la kantienne convaincue, dissertaient sur l'essence du Bien quand s'est produit l'accident. L'un et l'autre sont des professionnels de l'universel, qui ne manquent pas, nous l'avons dit, d'appliquer leur philosophie à la situation dramatique où ils sont. L'utilitariste dont le discours sur le plus grand bien pour le plus grand nombre n'avait pas été d'abord reçu, se réjouit de voir les voyageurs, sous l'influence de la vieille dame, mettre en pratique le principe qu'il défend depuis toujours. Il se sent ainsi conforté dans son opinion. Mais faisons-lui remarquer que, dans sa théorie, le principe sert surtout à définir les lois de justice qu'une société politique se doit d'établir pour répartir le bien total entre ses membres. Or, dans la présente situation ces lois sont muettes : nul qui est en danger n'est tenu de porter assistance à une personne qui court le même danger. Car il n'est pas vrai que tous les rapports entre les hommes tombent sous les lois de justice ; il faut en certaines circonstances d'autres liens, plus substantiels, qu'on ne promulgue pas et qui agissent avant que d'être définis ; des liens d'humanité toujours empreints de la particularité d'un lieu, d'une époque, d'une communauté, et cependant, portant la valeur d'une plus grande universalité. Et la politesse, si elle est vraiment un procès de reconnaissance réciproque et de perfectionnement mutuel, est, elle aussi, animée par cette tension intérieure : en étendant et en formalisant le sentiment d'humanité, elle jette le pont entre une humanité restreinte et historiquement située, et une humanité plus vaste et meilleure, encore à former.

L'utilitariste n'est pas hostile à cette observation et il est prêt à concéder que la société se trouvera mieux de tout ce qu'on peut ajouter à l'utilité. La kantienne convaincue est beaucoup plus réservée. Si elle ne nie pas que la politesse puisse être un avantage pour la vie sociale et qu'il ne soit pas inutile qu'une anthropologie empirique en traite, elle refuse néanmoins qu'on en fasse un principe d'action valide par soi, puisque le seul principe recevable est la maxime du devoir. Ce que vivent les passagers dans le métro les acheminent vers leur humanité, sans doute, mais seule la moralité peut y conduire infailliblement. Et notre philosophe ne saurait approuver l'idée que la politesse, inspirée par la dialectique de l'estime, tisse et resserre patiemment les liens d'une humanité universelle grâce à des vieilles dames chantant le *Temps des cerises*. L'humanité universelle, ajoute-t-elle, est une Idée qu'on peut mettre en avant, quand on tente d'unifier par la pensée toute l'histoire humaine, avec ses grandeurs et ses maux. Mais, prise sous cet angle spéculatif, c'est une Idée sans contenu déterminé (nul ne sait ce que sera la société universelle), une Idée pure de la raison, réfléchissante et régulatrice. Pour la rendre déterminante, il faut la prendre sous son angle pratique : nous avons un devoir d'humanité, nous devons réunir tous les hommes dans la vertu et promouvoir leur autonomie ; et cette obligation est sans commune mesure avec les formes gratuites de la politesse.

Peut-être. Peut-être faut-il admettre que l'existence d'une société morale universelle soit le terme de la politesse, un terme fort lointain, si nous en jugeons par l'état où nous sommes. Mais revenons à la rame accidentée. Notre kantienne convaincue a rappelé chaque voyageur à son devoir, l'invitant à faire en sorte que sa maxime d'action devienne une loi universelle[1]. Se battre pour sa vie au mépris de la vie des autres ne saurait être universalisé. Toutefois, si ce rappel à la conscience peut suffire dans des circonstances ordinaires, lorsqu'il s'agit de conforter les hommes dans leur moralité de tous les jours, en revanche lorsque les circonstances sont extraordinaires, la lecture des *Fondements de la métaphysique des mœurs* ne sera pas d'un grand secours. La vieille dame a plus de succès : par son chant elle attendrit les cœurs, par son exemple elle libère en chacun le ressort de l'âme, par son amabilité elle introduit dans le wagon un sentiment d'humanité, d'abord plus une passion qu'une pensée, ensuite plus une pensée qu'une passion, quand les voyageurs, se délivrant d'eux-mêmes, viennent à partager ce qu'ils ont de commun.

COURT DIALOGUE FAMILIER
SUR LES TEMPS PRÉSENTS

— *L'anar* : Ah ! Ce scénario est à vomir. Je suis sûr qu'à la fin la mère et son rejeton seront sauvés, que la vieille punaise mourra au milieu des pleurs et que le brutal qui avait réussi à s'échapper le premier se sera électrocuté en tombant sur le rail.

---

1. Kant, *Fondements de la métaphysique des mœurs*, trad. fr. V. Delbos, Paris, Vrin, 2004, p. 137.

Du pur Hollywood. Et là-dessus, vous donnez à la politesse d'être la culture de l'humanité. Complètement nul, je dis ! J'ai une toute autre définition pour votre culture : c'est ce qu'on ne veut pas, ce qu'on abhorre, tout ce qu'on a reçu malgré soi et contre soi de la société où l'on est né, les contraintes, les règles et, cette écœurante politesse obligée…

—*Moi* : Vous êtes un malpoli. Laissez du moins au sociologue le soin d'étudier les contraintes sociales ; il saura bien trouver le juste ton de la dénonciation implicite. Et que gagne-t-on, au demeurant, à cette dénonciation ? On ne s'en trouve pas plus libre.

—*Le sociologue* (un peu froissé) : Pour combattre les rapports de force, il faut les mettre à jour. La politesse les masque ; elle est un leurre. Il n'y a pas d'humanité universelle, mais seulement des classes, des groupes d'intérêt, des stratégies de pouvoir.

—*Moi* : Marx était plus positif. Il faisait du prolétariat la classe asservie, mais aussi la classe où se préfigure l'humanité universelle.

—*L'internaute* : L'humanité universelle ? Ce n'est plus une utopie, nous y sommes, mais d'une autre façon. L'art de la conversation ? les SMS. La dialectique de l'estime ? Les forums. Le lien d'humanité ? Le net. Je dialogue avec n'importe qui, n'importe quand et comme je veux. Je n'arrête pas de communiquer, communiquons davantage encore, c'est l'unique règle. Je suis libre et je laisse à chacun le droit d'être disponible ou non. Je ne nuis à personne.

—*Moi* : Voire ! Moins nombreux sont les mots, plus violents ils sont. Quelques formules de politesse ne seraient pas de trop sur le Web. Mais je vous accorde qu'il n'y a pas lieu de se montrer poli à l'égard de son ordinateur ou de son portable. Car vous êtes bien solitaire devant votre machine. Et la communauté dont vous vous targuez se réduit à la toile : un réseau avec des places (des adresses) occupées par des Soi anonymes, pressés de se répandre ou de s'échapper hors d'eux-mêmes, à la recherche d'un écho, d'un motif, d'une justification. C'est en quelque sorte la monadologie de Leibniz enfin réalisée : l'Autre est omniprésent dans le Soi puisque tous les attributs du Soi sont des liens. Toutefois, en un autre sens, l'Autre n'est qu'une adresse, un relais vers d'autres liens, sans fin. Et Dieu n'est plus là pour fonder la communauté des esprits. C'est l'harmonie universelle par élision – à la vérité, une solution originale à la guerre de tous contre tous. Je vous l'accorde, plus n'est besoin de politesse. Mais, à propos, quelle est la couleur des yeux de votre correspondant ?

—*L'internaute* : On verra bientôt son image *live* sur l'écran du portable.

—*Moi* : En même temps que le match de foot et le dernier tsunami. On a l'image en temps réel, pourquoi se soucier encore des hommes en chair et en os ? L'humanité peut s'absenter.

—*Le sociologue* : D'autant qu'on ne sait pas qui crée l'image, qui manipule l'information, quel pouvoir secrètement étend sa toile sous la toile, avec la complicité de ses victimes.

—*L'anar.* : Cela me plaît bien. Il suffit que chacun manipule chacun, c'est plus efficace qu'une bombe.

—*La kantienne convaincue* : Je ne vois pas qu'on n'ait d'autre alternative aux violences de notre monde que l'indifférence numérique. Derrière chaque adresse, il n'est pas inutile de le rappeler, il y a un être humain ; vous pouvez tout ignorer de l'autre, mais vous devez le traiter comme une fin en soi. Ce n'est pas une affaire de politesse, c'est un devoir, un impératif propre à fonder une véritable communauté morale.

— *Moi* : Après l'Autre comme enjeu des rapports de force, et l'Autre comme instance anonyme et bavarde, voici l'Autre comme principe inconditionné. L'adresse en faisait un être virtuel ; la moralité en fait un être formel. Je ne nie pas que le rappel soit utile, les abus ne manquent pas. Mais de savoir que je dois traiter l'Autre comme un principe ne me dit toujours pas quelle est la couleur de ses yeux ni quel est son mérite. J'ai besoin de me colleter d'abord avec lui et de prendre sa mesure, j'ai besoin de l'estimer et de l'honorer pour le rejoindre dans la même dignité partagée.

— *L'anar.* (avec un gros rire) : Bof ! Toujours le même humanisme tiède et la même éloquence bavarde pour sauver la politesse. Vive la fête, le rire et le sexe !

— *Le lecteur* (avec un signe d'impatience et s'adressant à l'anar.) : Monsieur, vous êtes un malappris ! On ne « s'éclate pas » et on ne parle pas de sexe, quand on est poli. (Se tournant vers moi) : C'est de votre faute. Quand on fait une étude philosophique, il faut savoir conclure sur des choses sérieuses et très certaines. Mais, parce que vous êtes amoureux des vieilles dames qui chantent le *Temps des cerises*, vous tombez dans l'éloquence, vous voulez donner une leçon de politesse.

— *Moi* : Comment discourir sur la politesse sans donner de leçon ? Je pense savoir quel est le terme, l'humanité des hommes, mais je n'en ai pas encore d'idée, c'est plutôt une sorte d'impulsion quand j'entre en rapport avec mes semblables. C'est pourquoi, comme je le disais, j'ai besoin de me cogner à eux, de m'érafler à leurs angles, de découvrir leur mérite…

— *Le lecteur* : Ne refaites pas votre discours.

— *Moi* : Je n'ai pas non plus de nouvelle maxime de politesse à offrir. Les règles ne servent qu'à donner un pli aux relations humaines. Cette sorte d'acquis par habitude est utile, mais c'est le perfectionnement de la communauté humaine qui m'importe.

—*Le lecteur*: Je ne suis pas hostile à l'éloquence: qui mieux que Cicéron a su parler de l'*humanitas*? Mettons-nous à son école. Il n'y a pas d'éloquence, même celle du prédicateur détaillant les feux de l'enfer à ses ouailles, qui ne suppose une complicité non exprimée et un fonds d'évidence partagée. Or, sur quoi nous entendons-nous ici? Sur le minimum que nous ne pouvons retrancher de nous, sans nous détruire: sur notre humanité. Il n'y a pas d'évidence plus certaine et plus indiscutable; même les provocations de l'anar. n'ont de force que sur ce fonds.

—*Moi*: Cette évidence est bien vague; l'analyse ne peut rien en tirer.

—*Le lecteur*: Qu'importe! Cultivons-la. La philosophie n'est pas indispensable. J'ai quelques Lettres et suis allé à l'école des Anciens. Et je sais que les Latins distinguaient l'*humanitas* de la *virtus*, qui est un ressort beaucoup plus mâle. Vous avez placé l'estime de soi au cœur de la politesse et l'estime de soi relève clairement de la *virtus*. Votre explication est à mon goût un peu trop philosophique. Mais, allons, laissez-vous aller! L'humanité est une passion douce et la politesse donne un poli, une finesse certaine aux mœurs humaines. Quant au *Temps des cerises*, c'est une chanson bien agréable. Et puis, je vous le concède, rien ne se compare à l'exquise politesse de la vieille dame.

TEXTES ET COMMENTAIRES

Une philosophie de la politesse

TEXTE 1

ENCYCLOPÉDIE, OU DICTIONNAIRE RAISONNÉ
Des sciences, des arts et des métiers[*]

POLITESSE, s.f. (*Morale*). Pour découvrir l'origine de la *politesse*, il faudrait la savoir bien définir, et ce n'est pas une chose aisée. On la confond presque toujours avec la *civilité* et la *flatterie*, dont la première est bonne, mais moins excellente et moins rare que la *politesse*, et la seconde mauvaise et insupportable, lorsque cette même *politesse* ne lui prête pas ses agréments. Tout le monde est capable d'apprendre la civilité, qui ne consiste qu'en certains termes et certaines cérémonies arbitraires, sujettes, comme le langage, aux pays et aux modes; mais la *politesse* ne s'apprend point sans une disposition naturelle, qui à la vérité a besoin d'être perfectionnée par l'instruction et par l'usage du monde. Elle est de tous les temps et de tous les pays; et ce qu'elle emprunte d'eux lui est si peu essentiel, qu'elle se fait sentir au travers du style ancien et des coutumes les plus étrangères. La flatterie

* Diderot et d'Alembert, *Encyclopédie, ou Dictionnaire raisonné des sciences, des arts et des métiers*, volume XII (1765).

n'est pas moins naturelle ni moins indépendante des temps et des lieux, puisque les passions qui la produisent ont toujours été et seront toujours dans le monde. Il semble que les conditions élevées devraient garantir de cette bassesse; mais il se trouve des flatteurs dans tous les états, quand l'esprit et l'usage du monde enseignent à déguiser ce défaut sous le masque de la *politesse*; en se rendant agréable, il [1] devient plus pernicieux; mais toutes les fois qu'il se montre à découvert, il inspire le mépris et le dégoût, souvent même aux personnes en faveur desquelles il est employé: il est donc autre chose que la *politesse*, qui plaît toujours et qui est toujours estimée. En effet, si on juge de sa nature par le terme dont on se sert pour l'exprimer, on n'y découvre rien que d'innocent et de louable. Polir un ouvrage dans le langage des artisans, c'est en ôter ce qu'il y a de rude et d'ingrat, y mettre le lustre et la douceur dont la matière qui le compose se trouve susceptible, en un mot le finir et le perfectionner. Si l'on donne à cette expression un sens spirituel, on trouve de même que ce qu'elle renferme est bon et louable. Un discours, un sens poli, des manières et des conversations polies, cela ne signifie-t-il pas que ces choses sont exemptes de l'enflure, de la rudesse, et des autres défauts contraires au bon sens et à la société civile, et qu'elles sont revêtues de la douceur, de la modestie, et de la justice que l'esprit cherche, et dont la société a besoin pour être paisible et agréable? Tous ces effets renfermés dans de justes bornes, ne sont-ils pas bons, et ne conduisent-ils pas à conclure que la cause qui les produit ne peut aussi être que bonne? Je ne sais si je la connais bien, mais il me semble qu'elle est dans l'âme une inclination douce et bienfaisante, qui rend l'esprit attentif, et

---

1. Ce défaut qu'est la flatterie.

lui fait découvrir avec délicatesse tout ce qui a rapport avec cette inclination, tant pour le sentir dans ce qui est hors de soi, que pour le produire soi-même suivant sa portée; parce qu'il me paraît que la *politesse*, aussi bien que le goût, dépend de l'esprit plutôt que de son étendue; et que comme il y a des esprits médiocres, qui ont le goût très sûr dans tout ce qu'ils sont capables de connaître, et d'autres très élevés, qui l'ont mauvais ou incertain, il se trouve de même des esprits de la première classe dépourvus de *politesse*, et de communs qui en ont beaucoup. On ne finirait point si on examinait en détail combien ce défaut de *politesse* se fait sentir, et combien, s'il est permis de parler ainsi, elle embellit tout ce qu'elle touche. Quelle attention ne faut-il pas avoir pour pénétrer les bonnes choses sous une enveloppe grossière et mal polie? Combien de gens d'un mérite solide, combien d'écrits et de discours bons et savants qui sont fuis et rejetés, et dont le mérite ne se découvre qu'avec travail par un petit nombre de personnes, parce que cette aimable *politesse* leur manque? Et au contraire qu'est-ce que cette même *politesse* ne fait pas valoir? Un geste, une parole, le silence même, enfin les moindres choses guidées par elle, sont toujours accompagnées de grâces, et deviennent souvent considérables. En effet, sans parler du reste, de quel usage n'est pas quelquefois ce silence poli, dans les conversations même les plus vives? C'est lui qui arrête les railleries précisément au terme qu'elles ne pourraient passer sans devenir piquantes, et qui donne aussi des bornes aux discours qui montreraient plus d'esprit que les gens avec qui on parle n'en veulent trouver dans les autres. Ce même silence ne supprime-t-il pas aussi fort à propos plusieurs réponses spirituelles, lorsqu'elles peuvent devenir ridicules ou dange-reuses, soit en prolongeant trop les compliments, soit en évitant quelques disputes? Ce dernier usage de la *politesse* la relève infiniment, puisqu'il contribue à entretenir la paix, et que par-là il devient, si on l'ose dire, une espèce de préparation à la charité. Il est encore bien glorieux à la *politesse* d'être souvent employée dans les écrits et dans les discours de morale, ceux mêmes de la morale chrétienne, comme un véhicule qui diminue en quelque sorte la pesanteur et l'austérité des préceptes et des corrections les plus sévères. J'avoue que cette même *politesse* étant profanée et corrompue, devient souvent un des plus dangereux instruments de l'amour-propre mal réglé; mais en convenant qu'elle est corrompue par quelque chose d'étranger, on prouve, ce me semble, que de sa nature elle est pure et innocente.

Il ne m'appartient pas de décider, mais je ne puis m'empêcher de croire que la *politesse* tire son origine de la vertu; qu'en se renfermant dans l'usage qui lui est propre, elle demeure vertueuse; et que lorsqu'elle sert au vice, elle éprouve le sort des meilleures choses dont les hommes vicieux corrompent l'usage. La beauté, l'esprit, le savoir, toutes les créatures en un mot, ne sont-elles pas souvent employées au mal, et perdent-elles pour cela leur bonté naturelle? Tous les abus qui naissent de la *politesse* n'empêchent pas qu'elle ne soit essentiellement un bien, tant dans son origine que dans les effets, lorsque rien de mauvais n'en altère la simplicité.

Il me semble encore que la *politesse* s'exerce plus fréquemment avec les hommes en général, avec les indifférents, qu'avec les amis, dans la maison d'un étranger que dans la sienne, surtout lorsqu'on y est en famille, avec son père, sa mère, sa femme, ses enfants. On n'est pas poli avec sa maîtresse; on est tendre, passionné, galant. La *politesse* n'a guère lieu avec son père, avec sa femme; on doit à ces êtres d'autres sentiments. Les sentiments vifs, qui marquent l'intimité, les liens du sang, laissent donc peu de circonstances à la *politesse*. C'est une qualité peu connue du sauvage. Elle n'a guère lieu au fond des forêts entre des hommes et des femmes nus, et tout entiers à la poursuite de leurs besoins; et chez les peuples policés, elle n'est souvent que la démonstration extérieure d'une bienfaisance qui n'est pas dans le cœur.

COMMENTAIRE

Il y a deux façons de traiter de la politesse. La première est d'en faire un objet d'étude, de la traiter comme un phénomène humain parmi d'autres qu'il convient d'expliquer. Elle apparaît alors comme un type original de relation entre les hommes, qu'on se gardera de confondre avec les liens qui les unissent au sein de la société politique ou de la communauté morale à laquelle ils appartiennent – une relation, dis-je, dont on examine alors les principes et les effets, les bienfaits et les inconvénients. La seconde façon est de la traiter comme une valeur qu'il convient d'apprécier à sa juste mesure : on la loue ou on la blâme, on en juge, elle plaît ou elle déplaît, on la dit bonne ou vaine. Or, disait David Hume[1], une chose ou une qualité peut plaire pour deux raisons : parce qu'elle est utile ou parce qu'elle est agréable. Si la politesse plaît parce qu'elle est utile (elle rend le commerce des hommes plus aisé), on lui accorde alors une fonction particulière dont il appartient à la prudence de préciser les avantages et d'indiquer les limites. Mais si la politesse plaît parce qu'elle est agréable, alors le

1. Hume, *Enquête sur les principes de la morale*, dans *Essais et traités sur plusieurs sujets*, t. IV, trad. fr. M. Malherbe, Paris, Vrin, 2002.

jugement que l'on porte sur elle n'a plus rien à voir avec l'utilité, il est d'une nature toute autre : c'est un jugement esthétique. Bien sûr, une même chose, une même qualité peut être à la fois utile et agréable.

Le texte que nous donnons a la forme d'une défense et illustration de la politesse contre ses détracteurs qui sont nombreux au XVIIIᵉ siècle : Mandeville, Rousseau, et d'autres ; mais aussi contre ceux qui la réduisent à n'être qu'un art social, qu'un ensemble de manières, comme en possède toute société ou nation. Notre texte est incontestablement éloquent, c'est un plaidoyer incitant le lecteur à distinguer entre la vraie politesse, assimilée à une vertu, et ses excès corrompus. Plaidoyer qui est peut-être une réponse sur un autre ton à l'analyse trop froide, pourtant revêtue d'une grande autorité, qui était proposée par Montesquieu dans *l'Esprit des lois* – un ouvrage déjà cité dans un article antérieur du IIIᵉ volume de l'*Encyclopédie*, rédigé par le Chevalier de Jaucourt et portant le titre CIVILITÉ, POLITESSE, AFFABILITÉ, et dont nous allons d'abord rappeler quelques développements dans le livre XIX.

LES LOIS, LES MŒURS ET LES MANIÈRES

Montesquieu examine ce qui fait l'esprit général d'une nation : « Plusieurs choses gouvernent les hommes : le climat, la religion, les lois, les maximes du gouvernement, les exemples des choses passées, les mœurs, les manières ; d'où il se forme un esprit général » (§ 4). Les lois, les mœurs et les manières sont toutes, à la différence du climat, des institutions humaines, c'est-à-dire des contraintes artificielles, propres à régler les conduites au bénéfice de la paix intérieure d'une nation; les lois sont des institutions particulières, dépendant de la volonté du législateur, les mœurs et les manières sont des institutions de la nation en général. Et l'on se pose la question de savoir si les unes peuvent agir sur les autres, et si, en particulier, les lois peuvent dicter ces autres sortes de liens que sont les mœurs et les manières, en un mot si le législateur peut prétendre changer l'esprit d'une nation ou, si au contraire, il doit le suivre. La réponse ne fait pas mystère : le législateur qui s'y essaierait engendrerait les désordres les plus graves et rendrait la loi tyrannique (§ 5). Il faut en effet considérer que les lois sont d'institution juridique, mais que « les mœurs sont inspirées » (§ 12) et qu'elles se transmettent par l'exemple ou par la répétition sociale. On peut changer les lois par d'autres lois, il faut changer les mœurs par d'autres mœurs et les manières par d'autres manières (§ 14). Les lois sont l'expression de la volonté du législateur, elles ont leur mode d'action propre et leur sanction. Les mœurs et les manières sont l'expression de l'esprit de la nation : elles ont une grande influence, mais, comme elles n'expriment aucune volonté, il faut laisser les peuples les changer d'eux-mêmes. Locke disait sensiblement la même chose, mais d'une autre façon, en observant que pour juger si leurs actions sont bonnes ou mauvaises, les hommes les rapportent tantôt aux lois civiles, soutenues de la puissance civile, tantôt aux lois morales, notifiées par la lumière naturelle ou par la révélation divine, tantôt encore aux lois d'opinion ou de réputation qui sanctionnent les conduites par le mérite ou la honte, et cela d'une manière si prégnante qu'elles sont dans la société la mesure ordinaire de la vertu et du vice[1]. Montesquieu ne prétend pas que ces principes diffé-

---

1. Locke, *Essai sur l'entendement humain*, livre II, chap. XXVIII, § 6 *sq.*

rents que sont les lois civiles, les mœurs et les manières, ne soient pas jusqu'à un certain degré solidaires : ainsi, dans un gouvernement despotique qui est de nature arbitraire, les manières sont beaucoup plus fixes, de sorte que tout despote avisé se gardera d'y toucher s'il veut préserver son pouvoir. Car il s'opère dans l'esprit général d'une nation une compensation générale si effective qu'il ne faut lui donner que les lois que ses mœurs et ses manières peuvent souffrir (§ 21); sans ignorer que, inversement, les mœurs, évoluant en tant que mœurs, peuvent d'elles-mêmes s'appareiller aux lois (§ 27 : par exemple, dans le cas de l'Angleterre).

Formellement, la distinction entre les mœurs et les manières paraît tranchée : « Il y a cette différence entre les lois et les mœurs, que les lois règlent plus les actions du citoyen, et que les mœurs règlent plus les actions de l'homme. Il y a cette différence entre les mœurs et les manières, que les premières regardent plus la conduite intérieure, les autres l'extérieure » (§ 16). Montesquieu n'est pas loin de Locke : c'est moins la différence entre deux sortes de devoirs que la différence entre deux modes d'approbation, entre deux modes de louange ou de blâme, les conduites se réglant tantôt sur la lumière intérieure de la conscience (et ce sont alors des devoirs, au sens strict) tantôt sur le verdict social qui cause honneur ou honte (et ce sont alors des convenances). La différence n'est donc pas si considérable et l'on ne s'étonnera pas que l'un ou l'autre mot, *les mœurs* ou *les manières*, serve parfois à signifier les deux réunis[1]. De même, le mot de

---

1. Observation faite dans l'excellent travail de B. Binoche, *Introduction à De l'esprit des lois de Montesquieu*, Paris, PUF, 1998, p. 162; travail dont nous nous inspirons en partie.

manières sert-il à signifier et la civilité et la politesse, deux qualités complémentaires qui diffèrent par ceci que « la politesse flatte les vices des autres, et la civilité nous empêche de mettre les nôtres au jour » [par la crainte d'être mal considéré] (§ 16).

Au total, l'esprit d'une nation est un système souple où chaque cause a son effet propre, où lorsqu'une cause domine avec plus force, les autres lui cèdent d'autant (§ 4), où lorsqu'une cause se qualifie d'une certaine manière, les autres se déterminent en compensation, où, enfin, l'une n'est pas sans pouvoir exercer par juxtaposition ou appropriation une influence sur l'autre. Qu'on en juge sur un exemple : il y a dans l'homme une vivacité naturelle qui le porte à offenser son semblable ; mais cette vivacité est corrigée par la politesse qui le pousse à l'honorer et à flatter sa vanité (§ 6). La politesse appuie donc nos devoirs envers les autres. Mais la politesse favorise aussi la société des femmes, laquelle société « gâte les mœurs et forme le goût » (§ 8). Ainsi, un tel commerce social ne sert pas toujours les sentiments moraux. Toutefois, à la différence de l'orgueil qui est une passion politique, il peut servir fort bien l'institution politique, la vanité des hommes, lorsqu'elle est flattée par la politesse, étant un puissant levier pour l'administration civile. On observe même que, dans le cas extrême (et donc le contre-exemple) de la Chine (§ 16 *sq.*), les législateurs confondirent la religion, les lois, les mœurs et les manières dont ils rassemblèrent les préceptes afin de les changer en rites, en une pratique commune strictement observée, renforçant le pouvoir de l'État et concentrant ainsi tout l'esprit d'une nation dans les canons de la civilité et la politesse : les législateurs chinois formèrent les manières de leurs sujets, afin de leur inspirer de la douceur, et en les soumettant aux coutumes et aux usages ils allégèrent d'autant la tâche des princes qui n'eurent pas à multiplier les lois [1].

Ainsi, selon l'*Esprit des lois*, la politesse entre-t-elle dans la composition de l'esprit d'une nation, à titre de principe actif, quoique toujours en rapport avec la dynamique des autres composantes. Le ressort en est moralement négatif : elle sollicite la vanité des hommes ; l'effet en est socialement positif : elle les unit fortement par leurs propres passions, elle favorise le développement de leur vie collective, elle perfectionne leur goût quoiqu'elle les détourne de leur vie intérieure, elle leur fait aimer les chaînes de la vie civile au plus grand bénéfice de l'autorité politique.

LES ANGLAIS SONT-ILS PLUS POLIS QUE LES FRANÇAIS ?

On peut assurément contester que ce dernier point soit à prendre positivement et que la politesse ait une quelconque utilité quand, dans une nation, le principe de gouvernement n'est pas l'autorité du prince, mais la liberté des citoyens. Et un vaste débat s'était développé en Angleterre, au début du siècle, peu de temps après la révolution de 1688 et la fuite de Jacques II de son trône, pour savoir dans quelle nation, en Angleterre ou en France, l'on montrait le plus de politesse. Il ne fait pas mystère que la réponse apportée dans les allées de la nouvelle classe dirigeante était que, bien entendu, les Anglais

---

1. Ce n'est pas le lieu d'examiner l'autre cas extrême, celui de l'Angleterre.

sont plus polis que les Français, non pas de cette politesse de cour en usage sur le Continent, si servile et superficielle, mais de la vraie politesse du cœur. La politesse de cour n'est qu'une politesse feinte qui corrompt par son mensonge la société civile et qui détourne les hommes des biens de l'honnêteté et de la vertu. Ainsi, Addison et Steele, dans leur journal, *The Spectator*, s'employaient-ils à dénoncer la vanité des Français, se partageant en petits-maîtres et en coquettes, portant perruques et rubans, manifestant toujours un air de gaieté forcée[1] et se targuant d'une fausse délicatesse, fort éloignée de la véritable pureté de sentiment ; car la véritable politesse n'est pas moins distante de la corruption morale que de la grossièreté ou de la rudesse[2]. Aux Anglais, donc, le mérite de donner l'exemple d'une sociabilité vertueuse en accord avec les nouveaux principes politiques d'une Constitution libre. Touchant même les régimes autoritaires, la comparaison entre un Louis XIV, assoiffé de vaine gloire, se jetant pour cela dans la guerre, la rapine et le meurtre, quoique favorisant les sciences et les arts pour masquer ses desseins, et un Pierre le Grand, tsar de Russie, découvrant avec modestie le vrai chemin de la gloire et les moyens de rendre son peuple industrieux – la comparaison est sans appel : la barbarie n'est pas dans la rudesse des mœurs, mais dans l'ignorance du véritable honneur. Ce qui revient à dire que non seulement la morale doit combattre les artifices de la politesse, mais aussi qu'une société politique plus juste peut et doit en faire l'économie.

---

1. *The Spectator*, n°83, June 5, 1711. L'article est d'Addison.
2. *The Spectator*, n°286, January 28, 1712. L'article est de Steele.

Pourquoi la politesse plaît

C'est à une telle censure de la politesse, entière chez Addison, relative chez Montesquieu, que notre texte tente de s'opposer; avec éloquence, nous le disions, en la traitant comme une valeur; et d'abord, en usant de définitions de noms, pour laisser entendre que la critique est inopportune et que les différences entre les hommes tiennent souvent plus à l'usage des mots qu'à la diversité des fins poursuivies. C'est pourquoi, même en philosophie morale, les définitions sont de grande importance; non pas qu'elles fassent surgir des concepts nouveaux sous les pas du langage, mais parce qu'elles en fixent les usages et favorisent ainsi l'entente des esprits.

Déjà, l'article du III\ :sup:`e` volume, Civilité, politesse, affabilité, utilisait ce procédé, au demeurant attendu dans une encyclopédie qui est aussi un dictionnaire [1]. La notion de politesse y est encadrée par celles de civilité et d'affabilité. L'affabilité, dit Jaucourt, « qui consiste dans cette insinuation de bienveillance avec laquelle un supérieur reçoit son inférieur, se dit rarement d'égal à égal, et jamais d'inférieur à supérieur ». Quant à la civilité et à la politesse, ce sont des formes de bienséance que les hommes observent entre eux d'une manière générale. Toutefois, les différences sociales ne sont pas totalement absentes. En effet, la civilité dit moins que la politesse : « c'est une espèce de crainte, en y manquant, d'être regardé comme un homme grossier », une crainte à

---

1. Remarquablement, l'article du III\ :sup:`e` volume, rédigé par le Chevalier de Jaucourt donne en entrée deux désignants : la grammaire, c'est-à-dire, la science des instruments du discours, puisqu'il faut distinguer entre des synonymes; la morale, c'est-à-dire la science du Bien et du Mal, puisqu'il faut instruire les hommes de leurs devoirs.

laquelle un homme qui a été bien éduqué et qui appartient aux classes supérieures, n'est guère sensible ; ce qui fait que la civilité semble réservée aux personnes d'une condition inférieure et la politesse aux gens de qualité. La civilité est le premier pas vers la politesse, un premier pas encore mal assuré qui a besoin de prendre appui sur des maximes et des préceptes pour se soutenir, et qui, pour cela, dégénère aisément en observances serviles ou en cérémonies fastidieuses.

L'article POLITESSE[1] du XIIe volume utilise le même procédé de la définition par distinction : il redit, d'un côté, en quoi la politesse diffère de la civilité, mais de l'autre il l'oppose à la flatterie. La flatterie est une chose naturelle, indépendante des temps et des lieux, car elle est le fruit des passions et les passions sont invariables. C'est pourquoi, on trouve des flatteurs dans toutes les conditions, les gens du monde montrant, il est vrai, plus d'habileté à la dissimuler sous les dehors de la politesse. La civilité est une chose artificielle, elle consiste en rites et cérémonies qui varient selon les pays et les modes. Elle est utile à la société, mais elle répond à la crainte qu'on a de ne pouvoir satisfaire aux relations humaines ; elle est donc plutôt le fait des conditions inférieures. Mais la politesse « ne s'apprend pas sans une disposition naturelle » que nul artifice ne saurait produire, mais qui, il est vrai, doit être éduquée et perfectionnée « par l'instruction et l'usage du monde ». Si elle ne procédait que de l'art social, elle serait comme la civilité une disposition plus négative que positive, et s'apprendrait comme tout autre usage. Si elle n'était que naturelle, elle ne s'apprendrait pas et pourrait se trouver comme la

---

1. L'article n'est pas signé. On peut supposer qu'il est également de Jaucourt.

flatterie en toute condition. D'où cette chose remarquable que l'éducation ne réussit que là où, si l'on peut dire, il y a une disposition naturelle à être éduqué. La politesse s'apprend, il faut polir, « ôter tout ce qu'il y a de rude et d'ingrat » et donc perfectionner la nature, sinon même la corriger. Mais il y a nature et nature. Dans les conditions inférieures, le polissage de la nature ne conduit qu'à la civilité, ce n'est que pour les personnes de condition supérieure que l'on parvient à cette bienveillance et à cette délicatesse « naturelles » qui ornent l'âme. Bref, pour atteindre à ce naturel qu'est la politesse dans le commerce des hommes, il faut non seulement avoir reçu une bonne éducation, mais encore être bien né. D'où il fut aisé de conclure, quand on voulut mettre le peuple au pouvoir, qu'un tel art social réputé faire affleurer le naturel n'avait aucune utilité, puisqu'il n'était que le caractère forgé d'une classe sociale en déclin ; d'où il fut aisé de faire valoir également que le commerce humain, pris dans sa franche honnêteté, peut s'honorer d'une certaine rudesse et rusticité... au détriment de ce ressort qu'est la générosité, une détermination qui ne s'apprend pas. La nature est commune à tous les hommes, il n'est point nécessaire de placer en quelques-uns un tel génie de classe qui serait censé les tourner vers autrui et leur faire donner du prix à la douceur et à la facilité des relations humaines.

Dans son éloge de la politesse, l'article ne développe pas ce que pourrait être son utilité *directe* pour l'individu ou la société. Mais il dit que la politesse est bonne et qu'elle est revêtue « de la douceur, de la modestie et de la justice que l'esprit cherche et dont la société a besoin pour être paisible et agréable » et qu'elle « embellit tout ce qu'elle touche ». Il ajoute qu'elle facilite la vie sociale et le commerce des hommes. Or, qu'est-ce que la facilité d'une relation peut ajouter à cette relation? Un certain confort, un certain agrément, mais rien qui en change la nature. L'article du IIIe volume disait de la civilité, de la politesse et de l'affabilité, qu'elles sont «des manières honnêtes d'agir et de converser avec les autres hommes dans la société» : ce sont des manières, c'est-à-dire des modalités de l'action. Les hommes ont par leurs comportements et leurs agissements de nombreuses façons d'agir et de vivre avec leurs semblables (de converser, en donnant à ce mot son sens ancien). Ces actions poursuivent tel ou tel objet, dépendent de telles ou telles circonstances, commandent tel ou tel rapport à autrui ; mais leur accomplissement peut aussi se parer d'une qualité seconde qui, à la vérité, ne leur est pas indispensable, mais qui leur communique un tour, un raffinement qui leur sied. Par exemple, un geste peut être fait en vue d'une certaine fin ; et il suffit pour que ce geste soit bon que la fin soit atteinte en effet ; mais le même geste peut aussi s'orner d'une grâce qui ajoute alors à sa fonction une valeur additionnelle. Par exemple, encore, certaines actions ne vont pas d'égal à égal et induisent un rapport de pouvoir qui fait qu'il y a un supérieur et un inférieur, un rapport qui s'exprime naturellement sous forme d'un commandement ; mais on ne laissera pas de préférer une autorité qui, afin d'adoucir le joug de la dépendance, se fait entendre sous un dehors affable qui ne la diminue en rien. Assurément, cette affabilité ou cette politesse peut être hypocrite et n'être qu'une ruse de l'autorité pour accroître son influence (qu'on songe à une certaine manière qu'on a aujourd'hui de tutoyer ou d'appeler ses inférieurs par leur prénom, en leur accordant la réciproque). Mais elle peut aussi témoigner plus ingénument de la considération qu'a un être humain envers un autre être humain qu'il tient pour son semblable. Cette valeur qui s'ajoute ne dit rien du succès de l'action, mais elle dit sa « délicatesse ».

Pareillement, de même que la politesse ne saurait être tenue comme un moyen directement au service de l'action, de même ne peut-elle en devenir la fin. Ce serait une faute que de la rechercher pour elle-même. Être poli pour être poli, c'est s'arrêter à des cérémonies arbitraires, à des protocoles sans objet. On peut être incivil à force de civilités ; trop de politesse embarrasse ; s'attacher aux formes retarde l'action, en détourne le cours, et nuit aux relations entre les hommes. Et si dans l'éducation on s'efforce d'enseigner la politesse à l'enfant, ce n'est point pour lui apprendre à faire la révérence, mais pour lui donner une certaine grâce de corps et d'esprit.

La réussite d'une action est établie, si la fin poursuivie a été atteinte selon les moyens adéquats. On la mesure alors en reproduisant la chaîne des causes et des effets, puis en examinant les effets en proportion des causes. Ainsi, pour vérifier que l'autorité d'un chef sur ses subordonnés est réelle, on regarde si les ordres donnés ont été suivis d'effets, et on mesure avec quelle dépense le résultat a été obtenu. Ainsi, si des hommes s'étant assemblés ont pris une décision importante qui les intéresse tous, on examinera comment leurs intentions ont convergé, comment leurs motifs ont pu se répondre malgré leurs différences personnelles, comment leurs passions ou leurs intérêts se sont conciliés, quelles influences se sont exercées et ont permis de parvenir à l'accord final. Mais la politesse n'entrant pas fonctionnellement dans la chaîne causale qui mène au résultat, c'est d'un tout autre genre d'appréciation qu'elle relève. Notre texte le dit clairement : « la politesse plaît toujours et [...] est toujours estimée ». En effet, le spectacle d'une action polie, d'un geste de civilité, d'une marque d'affabilité, cause un plaisir réel et ce plaisir s'accompagne toujours d'un jugement d'approbation ou de blâme. Plaisir désintéressé, puisque c'est celui du spectateur ou de l'acteur et non celui du bénéficiaire de l'action ; et, si d'aventure le bénéficiaire se confond avec le spectateur, ce plaisir vient en surcroît et ne se mêle pas vraiment à l'utilité. Ici, la satisfaction obtenue d'un besoin, la récompense d'une attente ; là, un plaisir qui porte louange ou blâme et qui suscite l'estime pour ce qui le cause. Et s'il est vrai que la valeur est plus que le plaisir, puisqu'il y entre du jugement, il reste que, sans cette affection, elle n'aurait pas de prix. De sorte qu'il y a deux choses que le jugement réunit ici : le plaisir, l'affection que l'on éprouve, et la valeur, la bonté de l'objet qui cause le plaisir ; en vertu de quoi l'objet (une conduite, un comportement, un geste, une parole) paraît dans la lumière d'une juste convenance, d'un exact à-propos. Prenez la politesse d'un geste : elle procure un réel plaisir, non pas au vu de l'utilité du geste, mais par le sentiment que c'est le bon geste qu'il faut, ou le bon geste qu'il fallait. La politesse est donc affaire de goût, de bon goût, et elle est goûtée parce qu'elle est le *decorum* de nos actions ou nos comportements.

À PROPOS DU *DECORUM*

Il n'est pas aisé de décrire ce *decorum*, cette convenance qui est une parure, puisque ce n'est pas une propriété objective de l'objet ou de l'action. Ce n'est pas non plus une propriété qui serait livrée à l'arbitraire d'une affection purement subjective. Souvenons-nous que toute passion ou toute action a son expression. Par exemple, cette passion qu'est la colère porte sur un certain objet (une situation, un événement, le comportement d'autrui, etc.) et elle est animée par tel ou tel motif (la déception, la rivalité, etc.); mais, de plus, elle s'exprime par le geste, par la voix, et dans un style déterminé : avec violence, avec une froide retenue, avec une maîtrise calculée ou une exaspération impuissante, etc. De même y a-t-il mille façons de nouer une conversation avec une personne : dans cette action, l'attitude du corps, le ton de la voix, le choix des mots, etc. sont autant d'éléments qui vont en faire varier le mode et le *decorum*. Ainsi, la manière ajoute à l'expression et l'expression ajoute à la passion ou à l'action. Et c'est ce style ou cette manière dont on dit qu'elle convient. D'une convenance qui est double : il faut que la manière ait quelque proportion à l'action en cours ou à la passion vécue, et que par ailleurs elle ne heurte pas les sentiments ou les usages de ceux qui y sont sensibles. Il est de nobles colères qu'on louera, qui réprouvent des actions indignes par les marques les plus fortes, quoique parfaitement mesurées. Il est des conversations en parfait accord avec la dignité de leur objet, dont on vantera la délicatesse et le raffinement.

Mais, demandera-t-on, car l'on revient toujours à ce point, comment déterminer la bonne mesure, la juste proportion ? S'il suffisait d'observer les règles d'un code pour être poli, la chose serait aisée. Mais la convenance n'est pas dans la règle. Il n'y a pas formellement de critère pour bien juger si la manière convient ou non à l'action, sinon celui-ci : que, comme nous l'avons déjà dit, tous les esprits sensibles et sensés conviennent de ce rapport dans la même louange ou le même blâme. C'est donc la communauté même du jugement qui détermine la justesse de l'appréciation, c'est l'approbation générale qui fait le bon goût.

À quoi l'on objectera que, s'il en est ainsi, la politesse se réduit à satisfaire les exigences (peut-être non écrites) d'une société, d'une classe, d'un groupe, et qu'elle ne diffère qu'en ceci que les règles ne sont pas en elle représentées objectivement, mais relèvent de la coutume ou de l'éducation. Quant au bon goût, ajoute-t-on, son procès n'est plus à faire. C'est-à-dire, cette valeur qu'on prétend accorder à la politesse dans le jugement de goût n'est qu'une valeur relative à son intérêt pour la société. La société a de nombreux moyens de parvenir à ses fins (le bien commun, la paix sociale) et la politesse (ou la distinction du goût) est un de ces moyens dont il convient de mesurer le degré d'utilité, de manière à la réintroduire dans la chaîne causale de la production des effets. Abandonnez le ton de l'éloquence et revenez à celui de l'examen.

Mais considérons ces moyens qu'une société a de parvenir à ses fins, c'est-à-dire à ce que la paix règne entre ses membres, à leur plus grand avantage. L'obstacle, ce sont les passions des hommes et c'est pour surmonter un tel obstacle que la société doit développer ses artifices. Parmi ces passions, il en est deux fondamentales, l'amour *de soi*, qui nous fait accorder du prix aux choses dans la mesure où elles servent à satisfaire nos besoins ou à assurer notre confort, et l'amour de *soi-même* qui nous fait accorder du prix aux choses dans la mesure où, étant reliées à nous-mêmes en quelque façon, elles accroissent l'estime que nous nous portons naturellement et nous procurent un certain plaisir à les contempler ou à les posséder. Cet amour *de soi-même*, ou cette estime naturelle de soi, appelons-la *l'orgueil*, et suivons le raisonnement de Hume dans le *Traité de la nature humaine* [1].

---

1. Hume, *Traité de la nature humaine*, III, 3, 2. Voir les considérations du même auteur sur la politesse, dans *L'enquête sur les principes de la morale*, sect. VIII.

L'amour *de soi* nous fait poursuivre nos intérêts particuliers et nous heurter aux intérêts des autres. Il s'ensuit des rivalités, des suspicions, des conflits déclarés, toutes choses peu propices à la paix sociale. Pour y remédier des lois de justice ont été établies, dont le rôle est de régler la répartition des biens entre les différents particuliers, de manière à satisfaire leur intérêt propre autant qu'il se peut. L'amour de soi y trouve son compte, un simple calcul d'intérêt suffit à le prouver, même s'il doit accepter qu'il y ait des bornes à sa satisfaction. En vérité, on ne contrôle une passion qu'en la cultivant et en l'éduquant. L'orgueil ou l'amour *de soi-même*, qui ne manque pas de s'exprimer dans des attitudes et des comportements extérieurs, est souvent odieux à autrui, du moins quand il se fait connaître sous les dehors de la morgue ou de la vanité. Il s'ensuit des froissements, des heurts, des haines déclarées. Pour y remédier, des règles de civilité et de politesse ont été convenues qui incitent chacun à donner l'apparence de la modestie et de la retenue, à contrôler ses gestes, ses comportements, ses conduites, et, dans l'esprit d'une mutuelle déférence, à accorder la préséance à la fierté d'autrui. Nous ne renonçons pas alors à l'amour de nous-mêmes, il est même nécessaire que cette passion parvienne à s'exprimer encore dans les marques discrètes d'une certaine estime de soi, mais elle trouve désormais son contentement ailleurs que dans la superbe ou la vanité : dans le respect libéral des exigences de la bonne éducation et de la vie en compagnie. Satisfaction d'ordre second, satisfaction plus esthétique qu'active, qui passe par la représentation de soi et l'appréciation d'autrui. Ainsi, justice et politesse sont-elles des institutions qui permettent aux hommes de vivre ensemble sans qu'ils aient à renoncer à eux-mêmes. « De même que nous établissons les lois de nature [les lois de justice] pour garantir la propriété au sein de la société et prévenir le heurt des intérêts personnels », de même « établissons-nous les règles de la politesse (*good breeding*) afin de prévenir le heurt des fiertés humaines et rendre la conversation agréable et inoffensive » [1].

UNE COMMUNAUTÉ D'AGRÉMENT

Nous avons déjà exposé la dialectique de l'estime, cette dialectique exigeante qui anime les rapports de politesse et qui est comme une rivalité complice dans la recherche d'une humanité commune plus parfaite. Hume nous instruit ici de l'autre aspect de la politesse, celui de réunir les hommes dans une communauté d'agrément. Laisser libre cours à l'amour *de soi-même* est source de plaisir : il y a une jouissance qui est propre à l'orgueil autant qu'à la vanité. Réfréner les dehors de sa fierté naturelle et faire preuve de décence et de retenue est cause de douleur ou de mésaise. S'effacer devant l'amour-propre de l'autre, mieux : précéder sa satisfaction, est cause à la fois de douleur et de satisfaction. Car la vue du plaisir d'autrui nous procure naturellement de la satisfaction, le plaisir sympathisant avec le plaisir, quoique, dans le même temps, nous éprouvions de la déception puisque la comparaison entre nous-même et autrui nous est défavorable : l'orgueil récompensé d'autrui nous mortifie. Mais si la relation se réciproque, la comparaison tourne à notre avantage et cela parce que nous avons d'abord accepté qu'elle nous soit défavorable. Or, ce faisant, nous nous sommes lié à autrui et il y a incontestablement un plaisir attaché à un tel concours. Nous voici en

---

1. Hume, *Traité de la nature humaine*, III, 3, 2, § 10.

bonne compagnie. Faisons même de la convention une règle que la société nous demande de respecter, il y a ce plaisir délicat d'avoir satisfait à la règle avant même qu'elle n'ait été connue et déclarée. Il y a enfin ce plaisir supérieur de considérer complaisamment l'harmonie de notre rapport aux autres et d'en éprouver tout l'agrément. « Ces égards et ces attentions sont immédiatement agréables aux autres, hors de tout considération d'utilité ou d'avantage ; ils s'attirent l'affection, ils suscitent l'estime et renforce extrêmement le mérite de celui qui en fait la règle de sa conduite » [1]. C'est ainsi une communauté de plaisir ou d'agrément qui se crée par la politesse.

Mais, dira-t-on, n'est-ce point accorder un trop grand pouvoir à la politesse ? Peut-on réellement fonder une société sur l'agrément et réunir les hommes en une compagnie par le plaisir qu'ils y prennent ?

Considérons d'abord que la politesse est un art. Bien avant Bergson, Giovanni Della Casa avait dit les choses dans son *Galatée* « ... Tu dois savoir qu'il te faut tempérer et ordonner tes façons de faire non pas selon ta fantaisie, mais selon le plaisir de ceux que tu fréquentes, qui doit te servir de règle ; et cela doit se faire avec modération, car celui qui dans sa conversation et ses usages se plaît trop à suivre le plaisir d'autrui, ressemble plutôt à un bouffon ou à un bateleur, ou peut-être à un flatteur, qu'à un gentilhomme bien éduqué » [2]. La politesse cherche à plaire, à causer du plaisir à l'autre, à lui donner satisfaction. Mais il n'est pas toujours aisé de déterminer si l'on sert à bon escient le plaisir d'autrui. La règle première est

---

1. Hume, *Enquête sur les principes de la morale*, p. 121.
2. G. Della Casa, *Galatée ou des manières* (1558), A. Pons (éd.), Paris, Quai Voltaire, 1988, chap. II, p. 54-55.

assurément de ne pas faire du plaisir d'autrui le moyen de sa
propre satisfaction; c'est le vice du flatteur qui sait déguiser
ses fins personnelles, quoiqu'il se découvre chaque fois qu'il
suscite la vanité de son objet. Mais cette règle ne suffit pas, car
on peut ne vouloir point flatter et cependant flatter en effet, on
peut aussi être déçu dans l'estime que l'on porte ou encore voir
l'honneur que l'on rend alimenter l'orgueil de celui qu'on
honore; on peut enfin, en exagérant les services que l'on rend,
abuser de la confiance et de l'intimité d'autrui. C'est pourquoi,
la politesse est un art si délicat; c'est pourquoi, il peut être
prudent de s'en rapporter aux choses qui plaisent générale-
ment à la plupart des hommes et de faire preuve de discrétion
en respectant les usages reçus.

La politesse donne lieu à un échange de politesses. L'un
ordonne son action au plaisir de l'autre, et réciproquement. Le
plaisir de l'autre est le plaisir de l'un et la règle de sa conduite,
et réciproquement. D'où ceci : si réciprocité il y a, le plaisir de
l'autre est le référent du mien, et mon plaisir le référent du sien,
de sorte qu'il en résulte une sorte d'entraînement, un constant
échange (on fait assaut d'amabilités, comme on dit), une courtoisie de la relation, une douceur communicative, un agrément
partagé qui peut s'élargir à d'autres. Le plaisir est éminem-
ment sociable, lorsqu'il n'est pas pervers : agrément des corps
qui s'assemblent, des paroles qui s'échangent, des pensées qui
se répondent. Il n'y a pas de ciment plus fort que cette sorte de
liaison sympathique. Mais comme la politesse n'a d'autre
principe que l'échange lui-même, et qu'à moins de verser dans
la flatterie elle n'a pas d'autre motif, elle lie entre elles les
honnêtes gens d'un lien peut-être superficiel, mais solide. En
outre, comme elle trouve dans l'usage d'une société les moyens
de son expression, c'est plus qu'un lien qu'elle suscite, c'est un
véritable monde, ce monde des valeurs de politesse précisé-

ment, monde exclusif sans doute, car on n'y naît point, il faut savoir y entrer, mais monde véritable. Et le plaisir ajoute au plaisir : au plaisir de l'échange et de la conversation, s'ajoute le plaisir de la danse, du jeu, de l'esprit, de la musique, du spectacle, etc. Sans compter qu'il est dans la nature du plaisir de se raffiner : raffinement des arts, raffinement de la culture, raffinement du savoir. On dit que les plaisirs les plus simples sont les meilleurs, mais ce n'est pas si sûr : il y a une délicatesse du goût qui va de pair avec la délicatesse des sentiments et qui est autrement gratifiante. Sachant qu'il faut se garder des excès et que l'important est que dans cette communauté de l'agrément l'on soit toujours à l'aise et que même les raffinements les plus subtils soient pondérés par une sympathie toujours vive, par un partage social toujours actif.

TEXTE 2

SHAFTESBURY
Mélanges ou réflexions diverses *

L'auteur[1], il est vrai, commence au plus près de son canton et nous renvoie à la plus renfermée des conversations, je veux dire celle du soliloque ou du discours avec soi-même. Mais cet échange avec soi est, selon lui, impraticable sans un commerce préalable avec le Monde; et il sera d'autant plus praticable et édifiant que ce commerce sera plus étendu. Les sources de cet art édifiant de l'échange avec soi (*self-correspondence*), il les trouve dans la politesse et l'élégance du dialogue antique débattant des matières d'esprit (*wit*), de connaissance ou de génie. Et rien, selon notre auteur, ne fera mieux revivre cette pratique de l'échange avec soi qu'une même recherche et examen de ce qu'il y a de plus poli dans la conversation moderne. Pour cela, il faut nécessairement prendre la peine d'aller plus loin que sa province. Aussi

---

* Shaftesbury, *Characteristics of Men, Manners, Opinions, Times*, Miscellany III, 1.

1. Dans les *Miscellanies*, Shaftesbury commente ses propres ouvrages. L'auteur dont il s'agit est donc lui-même.

apparaît-il que notre auteur n'a d'espoir d'être goûté ou compris que de ceux qui, parmi ses concitoyens, prennent plaisir au commerce ouvert et libre du Monde et qui aiment à recueillir de partout des vues et des lumières, afin de juger au mieux de ce qui est parfait et conforme, en chaque genre, à la juste règle et au vrai goût.

Il peut être bon de remarquer, à l'avantage de notre auteur, que la même sorte de ridicule ou de raillerie qui peut frapper les philosophes, frappe très communément les *Virtuosi* ou les beaux esprits de ce siècle. Sous cette dénomination générale, sont compris toutes les gens véritablement de bon ton (*real fine gentlemen*), tous ceux qui aiment les œuvres de l'art et du génie, ceux qui ont vu le Monde et se sont informés des mœurs et des coutumes des diverses nations de l'Europe, et qui ont fouillé dans leurs antiquités et leurs archives, qui ont examiné leur administration publique, leurs lois, leurs constitutions, et observé la situation, la puissance et les ornements de leurs villes, leurs principaux arts, leurs études et leurs amusements, leur architecture, sculpture, peinture, musique, leur goût en poésie et en tout ce qui touche aux sciences, au langage et à la conversation.

Il n'y a rien de ridicule à cela ni qui soit matière aux traits des satiriques et des plaisants. Mais quand nous poussons un peu plus loin le caractère de notre Virtuoso, homme du Monde accompli (*polite gentleman*), et le jetons dans des recherches plus subtiles, quand, passant du spectacle du genre humain et de ce qui le concerne à l'examen minutieux des œuvres de la Nature, notre génie spéculatif s'adonne, avec un zèle égal sinon supérieur, à la contemplation de la vie des insectes, à l'étude de l'avantage, de l'habitat et de l'économie d'une certaine race de crustacés, et qu'il se dote d'un cabinet en bonne et due forme dont il fait le modèle de son esprit, tout rempli à bon compte du même fatras de notions vides et des chimères appropriées – c'est alors, très certainement, qu'on peut bien le railler et se gausser de lui dans toutes les conversations [...].

Il en va exactement de même en philosophie. Supposez un homme qui se soit résolu à n'employer son jugement qu'à meilleure fin et qui considère *qui il est* et *ce qu'il est, d'où il vient* et *d'où il tire son existence, à quelle fin il a été fait* et *à quel cours d'action sa constitution naturelle le destine* – si cet homme, fort de cette intention, descendait ensuite en lui-même pour examiner ses facultés intérieures, ou s'élevait au-dessus de son espèce, de sa cité particulière ou de sa communauté propre, pour découvrir et reconnaître la communauté ou le gouvernement supérieur dont il relève, je veux dire cette société commune et universelle dont il est membre par naissance, il n'y aurait sûrement rien là qui pût raisonnablement lui attirer mépris ou moquerie. Au contraire, l'homme du monde le plus accompli (*the finest gentleman*), n'est après tout qu'un imbécile si, après avoir tant parlé de la connaissance du monde et des hommes, il n'a jamais pensé à s'étudier et à se connaître lui-même, ni à examiner la nature et le gouvernement de ce Monde réel, de ce Public dont il tient tout son être. « *Quid sumus, et quidnam victuri gignimur ?* » [1].

Où sommes-nous ? Sous quel toit ? Sur quelle embarcation ? Pour quelle destination ? Pour quelles affaires ? Quel pilote ? Quel gouvernement ? Quelle protection à laquelle se fier ? Voilà les questions que tout homme sensé se ferait naturellement, s'il était subitement transporté sur une nouvelle scène. Que dire alors d'un homme qui, arrivé depuis longtemps dans un monde et ayant porté sa raison et son jugement tout autour de lui, ne se serait jamais sérieusement posé cette simple

---

1. Perse, *Satires*, 3, v. 67 : « Que sommes-nous et pour vivre quelle vie sommes-nous nés ? ».

question : *Où suis-je*, ou *Que suis-je ?*, mais qui, au contraire, s'appliquerait méthodiquement à d'autres études et recherches, et négligerait celle-ci comme la moins importante ou en abandonnerait l'examen à d'autres hommes, censés mieux placés pour penser et méditer à sa place, sur ces sujets. Et quoi ? Se laisser ici duper par des simulacres de conseils n'aurait point de conséquence ! Nous ne laissons d'examiner avec la plus grande précision, et en jugeant de nous-mêmes, les affaires des autres et les occupations du Monde, quand même elles ne nous concernent que de loin ; mais ce qui nous intéresse de plus près et nous touche le plus immédiatement, nous en laisserions charitablement à d'autres l'examen, et nous prendrions là-dessus l'avis des premiers venus, en comptant aveuglément sur leur honnêteté et leur bonne foi !

Il me semble qu'ici le ridicule tombe plutôt sur les ennemis de la philosophie que sur les Virtuosi ou les Philosophes. Quand la philosophie est prise, comme elle le devrait, en son sens primitif, comme l'art d'être maître dans sa vie et dans ses mœurs (*mastership in life and manners*), elle n'a pas à craindre de faire mauvaise figure dans le Monde, même sous le règne de l'insolence ou de l'extravagance du temps. Mais prenons la philosophie en un autre sens, comme la simple profession de Virtuoso (*mere virtuosoship*) dans son cours ordinaire, et nous verrons alors que ce ridicule flétrit les plus grands comme les plus petits. Il y a partout des esprits fêlés. Maintes choses qui sont au dehors de nous-mêmes, et qui n'ont aucun rapport à nos vrais intérêts ni à ceux de la société ou du genre humain, sont l'objet des recherches les plus exactes ; on débat des opérations les plus secrètes de la Nature, de ses plus profonds mystères, et des phénomènes les plus ardus, et on abonde en explications chimériques ; on élève des hypothèses et des systèmes fantastiques ; on anatomise l'univers, et lorsqu'on en a donné la solution par quelque admirable mécanique, le tout paraît un jeu et n'est plus un secret pour ceux qui en connaissent le ressort. La création elle-même peut être mise à nu : transmutations, projections [1] et autres arcanes philosophiques qui doivent tout produire dans le monde matériel ; tandis que dans le monde intellectuel, un appareil de formules et de distinctions métaphysiques peut résoudre toute difficulté qu'on propose en logique, en morale, en toute autre science véritable.

Il paraît par là que les défauts de la Philosophie et ceux de la profession de Virtuoso sont les mêmes. Rien de plus dangereux qu'un mauvais choix ou qu'une fausse application en leurs domaines. Mais quelque ridicules que soient ces sortes d'études entre les mains de ceux qui les mènent de manière insensée, il apparaît néanmoins que l'une et l'autre sont essentielles par leur nature au caractère de l'*homme de bon ton* et de l'*homme de sens* (*of a fine gentleman and a man of sense*).

À parler exactement, philosopher c'est porter le savoir-vivre (*good breeding*) à un degré supérieur ; car la perfection du savoir-vivre est d'apprendre tout ce qui est décent en société et tout ce qui est beau dans les Arts. Or, le tout de la Philosophie est d'apprendre ce qui est juste dans la société et beau dans la Nature ou dans l'ordre du monde.

Ce n'est pas seulement l'esprit (*wit*), mais aussi le tempérament (*temper*) qui doit faire l'homme bien élevé (*the well-bred man*). De même, ce n'est pas seulement la tête, mais aussi le cœur et la résolution qui doivent faire le Philosophe véritablement accompli. L'un et l'autre personnages ambitionnent l'excellence, ils aspirent à un goût juste en toutes

---

1. Terme d'alchimie : action de jeter par cuillérées, dans un creuset posé sur des charbons ardents, une poudre censée changer les métaux inférieurs en or et en argent.

choses et ont en vue le modèle de ce qui est Beau et Bienséant.
Leur conduite différente et leurs manières respectives se
règlent en conséquence : d'un côté, selon le principe de la plus
grande aise et récréation des hommes réunis en société ; de
l'autre, selon les intérêts les plus essentiels du genre humain et
de la société ; là, selon le rang et la qualité qu'on a dans l'ordre
civil ; ici, selon le rang et la dignité qu'on a dans la Nature.

Quant à savoir si ces deux offices, ces deux rôles en
société, pris en eux-mêmes, conviennent autant moralement
qu'ils sont bienséants, c'est une grande question qu'il faut
trancher d'une manière ou l'autre. L'homme bien élevé, a déjà
tranché pour lui-même, et s'est déclaré pour le parti de la
beauté d'âme (*handsome*) ; car, quoi qu'il fasse, il ne prétend
faire que ce qu'il se doit purement à lui-même, sans se pro-
poser d'autre avantage. Celui qui prétend à la philosophie, et
qui ne sait pas comment déterminer ce point ou qui, résolution
prise, ne sait comment s'y maintenir avec fermeté et constance,
est à l'égard de la philosophie ce qu'est un rustre ou un petit
maître à l'égard des belles manières ou de la bonne éducation.
Ainsi selon les principes de notre Auteur, le goût (*taste*) de la
Beauté et le penchant (*relish*) à ce qui est Séant, Juste et
Aimable, donnent aux caractères de l'homme du monde et du
philosophe toute leur perfection. La culture de ce goût et de
ce penchant sera toujours le grand emploi et le grand souci de
celui qui aspire aussi bien à être *sage* et *bon* qu'à être *agréable*
et *poli*. *Quid verum atque decens curo et rogo, et omnis in
hoc sum*[1].

---

1. Horace, *Epîtres*, I, 1, v. 11 : « L'étude et la recherche de ce qui est vrai et
séant, voilà désormais à quoi je livre mon existence ».

COMMENTAIRE

ART ET CORRUPTION

La politesse est un art ; elle est l'expression du monde qui la porte, mais qu'elle produit aussi, et qu'elle corrige et développe à son tour. Entendons par ce monde non seulement la société d'agrément qui en est le support, mais aussi toutes les valeurs policées qu'elle véhicule et même toutes les œuvres de raffinement qu'elle génère spécifiquement.

Les moralistes ne nient pas cette capacité de la politesse à produire un monde, mais ils dénoncent ce monde comme étant le produit de l'artifice. Les hommes ne sont pas naturellement sociables, le « beau monde » n'est pas le produit naturel et harmonieux du jeu des passions, mais un monde artificieux fondé sur le mensonge, dont le rôle est de masquer sous son harmonie apparente le monde réel, celui des intérêts et des égoïsmes ; un monde qui est fondamentalement celui de la distraction, du détournement, de sorte qu'il lui est essentiel qu'on s'y amuse et divertisse. Et si les règles de la politesse sont là pour empêcher les excès et favoriser toute forme d'aisance et de facilité, ce n'est pas la bienveillance qui l'anime, mais l'orgueil, l'insupportable orgueil, cette passion qu'on a changé en vanité, pour mieux la rabattre, mais qui ne laisse pas l'âme en repos et qui, en n'oubliant jamais de se mettre à son avantage, se plaît à offenser autrui.

Les passions sont indestructibles. Il faut donc les satisfaire. Mais il faut savoir ce que l'on fait quand on prétend les éduquer. Est-on capable de rendre doux et serviable un tempérament fier, sans le forcer à renoncer à l'estime qu'il a de lui-même ? On aimerait pouvoir le croire et espérer que les hommes, naturellement portés à se surestimer, en viennent à une plus juste appréciation de leur mérite. Mais désespérons de convertir jamais l'orgueil en modestie et de lui imposer les dehors de l'humilité, car l'on sait bien que, par une ruse, il trouvera son compte à respecter les règles du savoir-vivre et les expressions de la politesse. Le vice est au cœur de l'homme ; et la politesse, toute nécessaire qu'elle soit, est doublement vicieuse : elle cultive le vice et le masque.

Les moralistes ont surenchéri sur ce thème. La politesse n'exerce son influence que sur les apparences, non point sur les passions qui sont au principe. À aucun moment l'homme ne cesse de s'aimer lui-même et de s'estimer plus que de raison ; et même l'âme la plus noble, jusque dans la généreuse élévation dont elle pare ses actions et ses conduites, donne des signes de ce sentiment exagéré de soi. Tout n'est que fausse humilité ; mais comme les manifestations de l'orgueil livré à lui-même sont grossières et risibles, le Soi a appris la discrétion, la dissimulation, le mensonge ; en quoi il fait preuve d'élégance et de savoir-vivre ; en quoi, à travers le filtre des usages et sous les dehors d'une apparente serviabilité, il ne laisse pas de se signaler au jugement public et de recueillir avec toute la modestie voulue les marques de l'approbation générale[1]. On le loue d'avoir la maîtrise parfaite de ses apparences, de trouver le juste ton, de n'être pas importun à autrui, de se montrer égal à lui-même en toute circonstance. On ne le flatte pas, on l'approuve. Est-il plus rare satisfaction et plus rare complaisance? L'orgueil est une passion que la nature nous a donnée «pour nous épargner la douleur de connaître nos imperfections»[2], mais que la politesse change en vice, car la vraie vertu passe par le renoncement. Quant à cette promotion de soi-même et du Soi de l'autre, ne faut-il pas dire avec La Rochefoucauld : «On n'aime point à louer, et on ne loue jamais personne sans intérêt. La louange est une flatterie habile, cachée et délicate, qui satisfait différemment celui qui la donne et celui qui la reçoit : l'un la prend comme une récompense de son mérite ; l'autre la donne pour faire remarquer son équité et son discernement»[3].

De tous ces moralistes austères, Mandeville, l'auteur de la *Fable des abeilles*[4], est sans doute le moins complaisant. Observateur trop fin pour ignorer la distinction qu'il convient de faire entre l'amour *de soi*, naturel et ingénu qui intéresse tout être animé à sa propre préservation, et l'amour *de soi-même* changé en amour-propre, mélange de défiance et d'estime de soi qui fait aimer et craindre le jugement d'autrui et développer tous les artifices où l'âme s'asservit[5], il aurait

---

1. *Cf.* La Rochefoucauld, *Maximes et réflexions*, 33 : «L'orgueil se dédommage toujours et ne perd rien, lors même qu'il renonce à la vanité».

2. La Rochefoucauld, *Maximes et réflexions*, 36.

3. La Rochefoucauld, *Maximes et réflexions*, 144.

4. B. Mandeville, *La fable des abeilles*, trad. fr. L. et P. Carrive, Première partie (1714), Paris, Vrin, 1998 ; Deuxième partie (1729), Paris, Vrin, 1991.

5. Avant Rousseau, B. Mandeville avait fait la distinction. Voir *La fable des abeilles*, Deuxième partie, p. 113.

probablement suivi Hume dans ses analyses, s'il avait pu les connaître, mais il n'aurait pas approuvé sa complaisance envers la société des hommes. Il ne nie certes pas la puissance de cette sorte de commerce humain qui trouve son expression dans la politesse, il en fait même le motif de sa fable, c'est-à-dire le ressort de la culture et de la société, mais il soutient que seul l'orgueil de soi, renchérissant sur l'orgueil de l'autre et s'humiliant pour mieux se grandir, peut avoir un effet aussi puissant : rivalité à fleuret moucheté, urbanité hypocrite dans un jeu d'apparences qui ne trompent personne, complicité peut-être, mais dans le vice de l'âme. Et la ruche des abeilles est active et industrieuse, les vices privés font le bien public : la convoitise entretient la vanité et la vanité la convoitise ; aux biens de commodité s'ajoute le luxe, au luxe le bel esprit, au bel esprit les arts et la culture, et le tout donne du travail à des millions de pauvres gens qui triment pour survivre : tout un monde prospère et civilisé, fondé sur l'économie du plaisir de quelques-uns et de la peine du plus grand nombre. Dans le domaine des passions, il n'y a pas de sacrifice sans compensation, réelle ou imaginaire. La grande habileté de la politesse est d'exiger le sacrifice et de procurer en même temps la compensation. Elle commande qu'on préfère le bien d'autrui au sien propre et qu'on borne ainsi ses appétits naturels, mais elle procure un contentement autrement supérieur, une récompense qui est imaginaire et qui est celle d'être reçu, admis, loué en bonne société. C'est pourquoi, le raffinement est si essentiel à la politesse : il permet qu'à la jouissance brute et sauvage soit substitué un plaisir infiniment plus délicat, celui de se représenter soi-même dans la compagnie de l'autre, au sein d'une société complice.

Mais rendez la ruche vertueuse, elle dépérit.

En vérité, dans cette sorte de discours, derrière le méchant plaisir de dénoncer partout le calcul et l'intérêt, même dans les passions innocentes, se cache un autre motif, plus fondamental, un arrêt proprement moral : la vertu ne saurait être que l'abnégation de soi et l'abnégation de soi suppose qu'on renonce au plaisir et qu'on humilie son orgueil. Or il faut beaucoup de grandeur d'âme pour être capable d'un tel renoncement et les hommes n'ont pas beaucoup de grandeur d'âme.

Ainsi la décision se fait-elle ultimement sur le terrain de la morale.

DE LA CONVERSATION ET DE L'ÉCHANGE

La charge de Mandeville était en partie tournée contre les idées défendues par Anthony Ashley Cooper, troisième comte de Shaftesbury (1671-1713), personnalité attachante et philosophe singulier, issu d'une grande famille ayant combattu les Stuarts, élève, dans son enfance, de John Locke qui fut son précepteur et ami, homme de goût, voyageur, digne représentant de sa classe. Le propos de Shaftesbury est lui aussi fondamentalement moral.

Examinons la moralité, non point sous l'angle de l'obligation ou du devoir, mais sous celui de la vie morale. La vie morale est proprement une *vie* et il faut considérer comment on peut en faire une vie d'édification. Si l'on savait d'emblée selon quel principe faire sa vie, on ne comprendrait pas qu'il soit si difficile de la vivre moralement ; sachant qu'on est souvent dans la nécessité d'agir, alors même que le principe de l'action reste obscur. Comment donc s'en instruire ? Comment agir mieux alors que l'on est à la recherche du Bien ? Or l'être moral n'est pas fait tout d'une pièce, il est capable de raison et de réflexion, mais il est aussi animé par des passions qui ne sont pas toutes compatibles, il a des habitudes, des souvenirs, des projets; et il est ouvert aux diverses influences qui lui viennent de l'extérieur. Et tous ces ressorts entremêlent leurs effets pour ne faire au total qu'une vie qui va comme elle peut ou comme elle veut, au mieux de ce qu'elle doit. Comment la rendre meilleure?

L'unique méthode praticable est d'accepter cette diversité intérieure et pour cela de s'adonner au soliloque, d'entrer dans un incessant échange avec soi-même. Mais où trouver le modèle d'une telle conversation intime? Au début de notre texte, Shaftesbury nous presse de le chercher dans le dialogue antique où la philosophie morale avait trouvé, au temps des Grecs, sa forme accomplie, et d'en retenir l'extrême politesse qui le caractérisait. Considérons en effet le dialogue tel qu'il est pratiqué souvent au XVIIe siècle, notamment par les prédicateurs, ou tel qu'il peut être pratiqué aujourd'hui chez nos grands communicants. Dialoguer, communiquer, ils n'ont que ce mot; mais dans leur bouche, le dialogue n'est qu'un artifice, puisque l'on sait d'avance quelle en sera la leçon, et où se trouve le Bien comme le Mal. La leçon est au demeurant fort simple et la forme dialoguée est ici employée pour triompher à bon compte de la partie adverse en jouant de la complicité du public, ce qui est témoigner d'un grand mépris tant envers ce public qu'envers la partie adverse. En revanche, l'exquise politesse du dialogue antique tenait à ce qu'on y trouvait un véritable dialogue où la vérité naissait de la conversation, où la recherche devait trouver son chemin parmi les raisons données et les valeurs invoquées, où l'on appréciait le poids respectif de ce qui importe et de ce qui n'est que curieux, où un égal respect était accordé à la parole des uns et des autres. Un dialogue, en quelque sorte, sans auteur, sans main invisible tirant les ficelles, et progressant par la seule nécessité de l'échange, avec sa part d'hésitation et peut-être d'aporie. Sans doute, fallait-il à un tel dialogue une règle pour qu'on ne s'égarât point et pour que chacun, tout en jouant sa partie, restât en puissance de communication avec chacun. Mais ce principe n'était rien que la politesse même de l'échange ou de la conversation, cette déférence dans les idées et dans les arguments dont on témoignait envers autrui, dans l'espoir de parvenir à un consentement partagé – ce qui s'appelle le bon ton, le bon goût. Semblablement, dans le soliloque, si l'on en fait le procédé de la vie intérieure et si l'on est dans la recherche du Juste et du Bien, faut-il laisser s'exprimer les différentes voix pour en apprécier la force ou la valeur, dans un esprit de concorde, et pour qu'unies elles répondent au mieux aux diverses circonstances de la vie morale. Et la même règle prévaut : celle du juste ton, du bon goût, du convenable, du sens de l'excellence.

Si le soliloque moral n'est pas le repliement du Soi sur lui-même, mais bien un dialogue à plusieurs voix et si le juste ton de l'âme en est la consonance, alors il est clair qu'il n'y a pas lieu d'y distinguer entre les voix intérieures et d'autres qui seraient extérieures, et que le canton où l'on reste n'a pas de frontières, que l'effort de transparence à soi est aussi bien une transparence aux autres, et que, dans le goût, soi-même et les autres conspirent. L'intériorité est entièrement ouverte, c'est là la politesse de l'âme que d'être perméable aux influences, aux traditions, aux expériences du vaste monde et que d'aller chercher ce qu'il y a de plus excellent, pour en tirer son profit et participer au dialogue général de la communauté supérieure à laquelle elle appartient. Quiconque place en lui-même la diversité des sentiments, des pensées, des valeurs, n'a pas de peine à s'élargir au monde des hommes : le vaste monde est déjà en lui. Quiconque a donné à son âme la forme du dialogue antique, peut converser avec ce qu'il y a de plus poli dans le monde moderne, non seulement pour s'informer, mais proprement pour se former, sans chaîne ni contrainte ou autorité, le Soi étant accueil, échange et débat.

Shaftesbury ironise, non sans quelque hauteur, sur ces nouveaux Anglais patriotes qui n'ont que leur Constitution à la bouche et se font gloire d'une politesse toute insulaire et bornée (quand elle ne se limite pas au plus proche comté). Mais le sol ne définit rien, car la terre ne connaît pas de limite naturelle (pas même celle d'une île). Et l'histoire ne définit rien, car s'en rapporter au passé de son pays ou de sa communauté pour se procurer une identité, c'est oublier tout ce que ce pays ou cette communauté a, dans son passé, reçu d'autres traditions et combien toute société doit aux circonstances, aux victoires et aux défaites, aux changements des hommes. Le monde n'a pas de frontière, l'âme de l'homme moral ne connaît pas de barrière, la politesse, même si ses formes particulières relèvent d'une nation particulière, reste sous la condition de cette adéquation cosmopolitique de l'âme et du monde.

Entrer en relation avec soi-même, c'est être disposé au monde. Loin d'être un territoire protégé ou une retraite secrète, le Soi est une manière d'être, une façon d'être dont la moralité est la culture. Et c'est pourquoi il importe de s'enquérir de ce qu'il y a de plus poli dans le monde, non point par curiosité, mais pour se former un tempérament, pour se forger un style de vie, lui-même poli par ce qu'il y a de meilleur, et s'exercer à des conduites où s'affirme peu à peu une personnalité morale. Plus importante que le savoir du monde est, en ce sens, la pratique du monde : il n'y a pas de méthode plus sûre pour communiquer au Soi un tour qui lui soit propre et éviter d'en faire un Anglais, un Français ou un kantien.

DE LA POLITESSE DU GOÛT

Si le vaste monde est le corrélat obligé de la vie morale, alors la vie morale est fondamentalement inspirée par les grandes questions ontologiques où le sujet se demande « *qui il est* et *ce qu'il est, d'où il vient* et *d'où il tire son existence, à quelle fin il a été fait et à quel cours d'action sa constitution naturelle le destine* ». Tout homme subitement placé dans un monde nouveau s'interrogerait immédiatement sur sa place et son rôle dans ce monde. *A fortiori*, tout homme habitant un monde dont il est coutumier et qu'il ne cesse de pratiquer, ne saurait se dispenser de semblables questions. D'autant que ces questions engagent la valeur qu'on peut donner à sa propre humanité et à celle de ses semblables, puisque le monde est à la fois le tout de la Nature et la communauté des hommes. Encore faut-il nourrir une juste compréhension de ces questions : elles ne sont pas matière à spéculation, puisque ce sont des questions de vie qui appellent des réponses de valeur, et donc des jugements de goût.

En tout jugement qui est de la nature du goût s'exprime une sensibilité à la beauté, à l'excellence, sorte de sens naturel mais qu'il faut éduquer et polir, pour le développer en un sens social et moral. Mais le goût est aussi jugement : non pas un jugement de type véritatif que l'on pourrait fonder sur des observations ou des raisonnements, mais un jugement de type évaluatif qui donne du prix à son objet et qui est validé par sa capacité à être partagé dans une communauté de culture. Le goût est, certes, une disposition naturelle, et chacun en est plus ou moins pourvu ; mais c'est aussi une pratique sociale qui a sa discipline et ses usages. Si vivre, c'est apprécier sensiblement le poids de sa propre vie, de sa propre humanité, bien vivre, c'est développer cette sensibilité en la faculté du goût ; et on ne

peut mieux la développer qu'en la mettant à l'épreuve de tout
ce qui fait la substance d'une société : jugements, usages,
pratiques communes. Il n'y a point de goût juste sans le travail
de la critique, tant intérieure qu'extérieure, c'est-à-dire sans
une incessante activité d'évaluation, d'appréciation, solitaire
ou collective, qui n'est autre chose que la politesse elle-même
en exercice et en progrès[1].

Le goût est juste ou ne l'est pas et il y a des actions ou des
vies qui moralement sont des fautes de goût. Bien sûr, elles
peuvent être sanctionnées par l'échec ou la souffrance. Mais
elles sont aussi sanctionnées par l'esprit critique, lequel se
forme dans l'âme par l'éducation, reçoit la lumière de la
réflexion, est réglé par la société et consigné dans des paroles
ou des écrits. Au sein d'une société polie, chacun apprend à
faire preuve de maîtrise de soi, à dominer son humeur, à la
changer en bonne humeur et en une disposition souriante et
aimable. Et rien n'est plus propre à assurer cette disposition
que l'humour que l'on peut avoir envers soi-même, c'est-
à-dire cette distance critique que l'on peut prendre à l'égard de
soi ou de la manière que l'on a d'être présent au monde ;
véritable maîtrise de soi qui se change elle-même en une
humeur supérieure plus aimable et plus commode à autrui. Or
si la bonne humeur est un facteur d'insertion harmonieuse de
chacun dans la communauté, la raillerie est, elle, une procé-
dure d'exclusion. La raillerie affecte l'amour-propre : c'est
une sanction redoutable, car, sans qu'il soit besoin de proscrire
celui qui en est l'objet, on l'écarte de la communauté du goût
et on le renvoie à sa solitude – éventuellement orgueilleuse,

1. Sur tout ceci, voir F. Brugère, *Théorie de l'art et philosophie de la
sociabilité selon Shaftesbury*, Paris, Champion, 1999, p. 61 *sq.*

comme l'est dans la comédie de Molière la solitude du Misanthrope. Or, on ne peut construire sa vie morale en se réfugiant dans le désert, comme le fait Alceste. Tragique, le misanthrope l'est certainement, et par ses propres soins : plus de dialogue possible avec autrui, et donc avec soi-même ; la vertu à laquelle Alceste prétend encore n'est plus qu'un parti pris. Mais il n'est au bout du compte que ridicule et l'on en rit, de sorte qu'il n'est pas besoin d'une lettre de cachet pour le chasser. Il suffirait de peu pour que la raillerie cesse et qu'il retrouve une place qu'on est prêt à lui accorder ; il suffirait qu'il s'accommode. Mais tel est le point : il refuse la règle du juste ton, du bon goût, il se veut délibérément impoli, il tombe dans l'excès, et il y a des excès même en morale, pires que les excès contre la politesse, car ils marquent et défigurent la forme de vie que l'on s'est donnée. Alors, il n'est pas de sanction plus sévère que la raillerie et le ridicule.

Tout excès est insociable. La vertu d'Alceste est insociable, Alceste est par son préjugé moral un homme malpoli. Mais l'homme de bon goût peut lui-même tomber dans l'excès s'il n'y prend garde. Reprenons le raisonnement de Shaftesbury.

L'HOMME DE BON GOÛT ET L'HOMME DE SENS

Pour converser avec soi-même, il faut s'ouvrir au monde. Nous l'avons dit, ce monde est aussi vaste que l'univers, et c'est à cette condition que l'on peut se poser à soi-même les véritables questions morales. Appelons *philosophe* celui qui se pose de telles questions essentielles, touchant l'homme et le cosmos, et qui, sortant de son canton, quoique toujours dialoguant avec lui-même, s'en va parcourir l'univers pour méditer et apprendre à mieux vivre. Mais pour que le soliloque soit fécond, il faut que les meilleures voix se fassent entendre à l'intérieur du Soi, et cela sur le ton d'un dialogue juste, et que ces voix s'entre-répondent dans un échange permanent ; et donc que le Soi recueille à cet effet ce qu'il y a de plus poli dans le monde. Or ce monde poli dont l'homme moral s'instruit n'est assurément pas à la taille de l'univers, c'est le monde des hommes pétri d'histoire et de culture, toujours marqué du sceau de la particularité, un monde poli, certes, mais inévitablement borné. En reprenant le mot de l'époque, appelons *Virtuoso* cet homme de bon ton, de juste goût et de vaste culture, cet *honnête homme* attaché à un monde poli, qui s'est approprié toutes les richesses de la civilisation et qui en assume les valeurs. Shaftesbury nous brosse son portrait : il a des connaissances, il aime les œuvres de l'art et du génie, il s'est porté auprès des hommes et a exploré leurs institutions et leurs cultures ; et, de tout ce savoir et de toute cette expérience, retenant toujours le meilleur, il a tiré profit ; sa sensibilité est exquise, son jugement est très sûr, son humeur est sereine et il fait le plaisir de la compagnie. Assurément, pas plus que le monde de la politesse (la culture en acte) n'est à la taille du cosmos, le Virtuoso le plus accompli n'est à la mesure du véritable philosophe. Car la question morale fondamentale est : qu'est-ce que l'homme dans l'univers ?, et non : qu'est-ce que l'homme dans l'histoire et dans le monde de la politesse ? Aucune culture recueillie et changée en vie ne peut répondre de manière suffisante à la question morale qui est d'une toute autre portée : cosmique et cosmopolitique. Et cependant, il n'y a pas d'autre moyen pour bien entendre la question que d'examiner comment les hommes ont travaillé à y répondre et quelle culture il s'en est suivi, et de dialoguer avec ses semblables en partageant les mêmes pensées, les mêmes interrogations, les mêmes accomplissements. Ainsi, la requête de la philosophie va-t-elle au-delà de toute culture, quoiqu'elle n'ait pas d'autre aliment que la culture. L'homme d'excellence (l'homme moral) est donc Philosophe dans l'ambition de sa vie et Virtuoso dans ses achèvements.

Le Philosophe et le Virtuoso, dit Shaftesbury, peuvent se voir infliger le même ridicule. Il est commun dans le monde poli de railler le philosophe d'entretenir des questions trop fondamentales et de s'intéresser à lui-même et à l'univers plus qu'au monde des hommes. Mais c'est à tort, car le philosophe n'emploie là son jugement qu'à meilleure fin : la question de l'homme et la question de l'univers ne font qu'un ; le véritable humanisme ne prend son sens que dans la dimension cosmique. Et ce n'est que par là, ajoute le philosophe anglais, que l'homme peut découvrir et reconnaître, par delà toutes ses appartenances, la communauté universelle dont il relève et dont il est membre par naissance. L'humanisme ne saurait donc être lié à telle ou telle culture particulière et culminer dans telles ou telles formes particulières de la politesse. Dans sa vérité morale, l'humanisme est d'un autre ordre : ontologique. La question de Perse : « Que sommes-nous et pour vivre quelle vie sommes-nous nés ? » est certainement notre question, mais elle nous bouscule, elle nous arrache à ce que nous sommes, Anglais ou Français ou Chinois, et nous ramène à notre origine : de quel gouvernement supérieur, supérieur à toute œuvre humaine, dépendons-nous ? Certes, les figures de l'humanisme prennent corps dans une époque, dans une région du monde ; et, en ce sens, l'humanisme exprime l'excellence de cette époque, de cette région, il en dit toute la politesse. Mais, répétons-le, la question est telle qu'elle déborde toute réponse, et cela légitimement, puisque c'est elle qui motive toute réponse. Et, puisqu'elle est une source vive de vie, elle ne cesse d'habiter et d'inquiéter le Virtuoso, pourtant bien installé dans son monde poli : en homme sensé et instruit qu'il est, quelles que soient ses certitudes et ses valeurs, quelle que soit sa maîtrise du monde, il s'interroge encore : *Où suis-je ? Que suis-je ?* Nul ne peut négliger sa propre humanité au nom des accomplissements du genre humain dans le monde de la politesse, ni la livrer à plus instruit que soi ou réputé plus instruit que soi. La question morale, prise dans sa dimension essentielle, n'est donc pas malpolie, la philosophie ne la pose pas contre la politesse mais la restitue chaque fois à l'origine et au terme de toute entreprise humaine.

En revanche convient-il de bien veiller à ce que la question : *sous quel gouvernement suis-je dans l'univers ?*, reste bien une question morale et ne dérive pas vers une ontologie oublieuse de tout sens humain. Il ne faut pas vouloir en effet établir d'abord la nature en soi des choses avant de se demander ensuite si le Beau et le Bien ont quelque réalité, mais bien plutôt partir de la réalité du Beau et du Bien – une réalité qui s'éprouve dans l'aspiration qui y porte les hommes et qui prend son exacte dimension dans l'harmonie universelle – avant de vouloir établir une philosophie de la Nature. Hume disait qu'il faut distinguer entre les sujets importants et les sujets curieux. Les sujets importants sont ceux qui concernent de près les êtres humains, et rien ne concerne davantage les hommes que le sens de leur propre humanité. Ces sujets sont difficiles à démêler en raison même de l'évidence vécue qui est la leur. Et prendre la mesure de l'univers pour s'adonner au soliloque, c'est précisément quitter les certitudes faciles et les réponses toutes faites. Mais il ne faut pas pour autant changer les questions importantes en questions curieuses, basculer dans la spéculation et explorer l'univers pour le seul plaisir de la recherche et de l'étude. Le Virtuoso, lui-même, n'est pas à l'abri de ce genre d'excès quand, voulant jouer au philosophe, il se lance dans l'étude des insectes ou l'observation des crustacés, et se dote à cet effet d'un cabinet expérimental. De Virtuoso il se fait homme d'étude ; il devient alors un insupportable pédant ; il s'abstrait de la compagnie de ses semblables ; il se donne de l'importance à grand renfort de notions vides et d'arguments chimériques ; et par ses connaissances acquises il prétend rendre son esprit à l'image de l'univers, quand il lui faudrait le laisser à l'image du monde poli qui est le sien. Le Virtuoso est homme de savoir, de culture, mais aussi de société et de compagnie. C'est un homme accompli, de grande politesse. S'échapper dans les choses ne fait que des imbéciles. Il sera bien meilleur philosophe si, se mouvant avec aisance dans l'espace qui est le sien, il n'oublie pas qu'il faut d'abord se connaître soi-même et pour cela s'enquérir, dans une recherche vive, de « la nature et [du] gouvernement de ce monde réel, de ce Public dont il tient tout son être ».

Quelle est en effet la fin de la philosophie ? C'est d'acquérir la seule connaissance qui importe vraiment, sans la devoir aux autres, c'est de devenir maître de soi dans sa vie et dans ses mœurs, une maîtrise qui ne s'acquiert qu'en se faisant citoyen de l'univers, qu'en se portant toujours au-delà du monde restreint que l'on habite. Shaftesbury raille les cartésiens avec leurs hypothèses et leurs systèmes fantastiques, et les newtoniens avec leur mécanique universelle et les chimistes qui prétendent nous révéler les arcanes de la création, et les métaphysiciens qui déclarent résoudre toute difficulté, en logique comme en morale, par des formules et des distinctions. Bacon, faisant la critique des mauvais philosophes et des constructeurs de systèmes, leur attribuait une passion : la vanité par l'amour des choses vaines. Shaftesbury n'est pas loin d'une tel propos : si le Philosophe dégénère en Virtuoso qui aurait perdu le sens existentiel (moral) de la vraie question, c'est qu'il n'a plus pour objet que de se faire valoir par son savoir, au prix de lui-même. Ce n'est pas l'étude qui est condamnable, mais son détournement de la vraie question, ce n'est pas la culture ou la politesse qui sont à réprouver, mais leur dévoiement quand les hommes oublient ce qui leur importe, quand ils abandonnent la recherche du Juste et du Bien dans leur vie d'hommes.

Le Philosophe doit rester un homme de sens et le Virtuoso un homme de bon ton. L'office du Philosophe et l'office du Virtuoso sont analogues, si l'on comprend bien la relation qui les unit : le philosophe se forme au contact de la culture du monde poli, monde de dialogue et d'échange. Il se signalera lui-même par son amabilité, sa civilité, son goût pour les arts, ses connaissances mises au service de la société. Virtuoso accompli, il est dans le juste ton. Toutefois, à moins de déchoir dans la vanité et la fausse connaissance, il se doit d'être également homme de sens, d'approfondir sa vie intérieure et de s'interroger sur les raisons de son existence. La politesse n'est aucunement un obstacle à la philosophie. Mais étant ce qu'ils sont, le Philosophe et le Virtuoso sont cependant différents, puisqu'ils relèvent de deux ordres distincts, quoique solidaires, qui n'ont pas même mesure. L'homme de culture et de politesse se conduit selon sa qualité et selon son rang dans la société, le philosophe selon sa place dans la Nature et sa dignité d'être. L'un vise l'excellence sociale, l'autre l'excellence morale. Encore une fois, pour parvenir à l'excellence sociale, on ne peut être oublieux de la question morale ; et pour parvenir à l'excellence morale, il faut s'aider de toutes les ressources qu'offre la société polie. Mais il y a bien un rapport d'ordre entre la culture (ou la politesse) et la philosophie (ou le sens moral).

Shaftesbury développe l'analogie. La fin du Philosophe et la fin de l'homme de société et de politesse est le vivre, le bien vivre. Tous deux ambitionnent l'excellence. Tous deux y tendent de toutes leurs puissances : non seulement la tête, mais aussi le cœur, non seulement le bel esprit ou l'entendement, mais aussi le tempérament, l'humeur, l'enthousiasme. Le Virtuoso est homme de société, il est l'homme d'une culture à laquelle il doit son éducation, et il fait effort pour y ajouter. Il vit en son sein, dialogue avec le reste de la compagnie et voyage de par le monde. Le Philosophe (l'homme pleinement moral) n'est pas séparé de toute société, il y puise ses forces, son éducation, il dialogue avec chacun, mais il approfondit ce dialogue dans le soliloque et porte ses vues bien au-delà, vers le vaste univers. Comme tout aristocrate, il vit parmi ses semblables, s'accommode à eux, mais relève d'un autre ordre. Tandis que le Virtuoso « se conduit selon son rang et sa qualité dans l'ordre civil », le Philosophe se conduit « selon son rang et sa dignité dans la Nature ».

L'un sert la compagnie où il vit; par son savoir-vivre et sa culture il rend plus facile la vie de ses compagnons ou de ses concitoyens. Et le bien vivre consiste ici dans la facilité de l'échange et de la communication sociale. L'autre, dans ce double mouvement d'appréciation universalisante qui le fait descendre plus profondément en lui-même et s'ouvrir plus largement à la Nature, sert l'humanité « et les intérêts les plus essentiels du genre humain et de la société » et il fait effort pour réaliser l'homme moral en lui et dans les autres, et pour parvenir à ce bien vivre supérieur qu'on peut appeler la sagesse. Qu'on songe à Socrate, le modèle en la matière. Le partage n'est pas entre l'homme de bon ton et l'homme de science; le Philosophe n'est pas moins homme de goût que le Virtuoso. Il l'est même davantage puisque le Beau n'est pas seulement pour lui ce qui est beau dans les arts, mais ce qui est excellent dans la Nature, et puisque, par delà ce qui est juste *en* société, c'est-à-dire, la bienséance, l'harmonie sociale, il recherche ce qui est juste dans l'ordre de l'univers et, de ce fait, ce qui est juste *pour* la communauté universelle des hommes. Chacun dans son ordre, ils poursuivent les mêmes valeurs, de sorte qu'il n'y a pas de différence de nature, mais de degré, entre le savoir-vivre du Virtuoso et le bien vivre du Philosophe. L'un et l'autre sont des artistes, l'un de son caractère social et poli, l'autre de sa propre humanité. Ce sont des artistes parce que tant la politesse que la moralité sont une création que l'on entreprend en se portant avec un légitime enthousiasme vers ce qui est bienséant et beau, que l'on poursuit en s'exerçant au discernement, en développant un esprit critique, en se livrant au besoin à l'humour et à la raillerie, et que l'on parachève dans une existence sage et bonne.

LA POLITESSE, LA BEAUTÉ ET LA MORALITÉ

La politesse réside dans la proportion des comportements et des conduites aux belles manières. La beauté réside dans la proportion du goût à l'objet dont on dit qu'il est beau. La moralité est de même nature : elle réside dans la proportion de l'âme à l'action bonne, au bien vivre. Comment déterminer la proportion ou la convenance ? Si l'on pouvait disposer d'un canon disant ce que sont les belles manières, les belles formes, les bonnes actions, on pourrait aisément déterminer la conduite, le jugement, l'action qui conviennent justement. Mais la justesse n'est pas objet de définition ou de spéculation, la proportion n'est pas connue parce qu'elle serait fixée ; ce qui est bienséant ne s'obtient que par le polissage des passions humaines au sein de la société ; ce qui est beau ne s'atteint que par la libération d'une sensibilité esthétique et la correction de cette sensibilité par la critique ; ce qui est bon moralement ne se réalise que par la pratique de soi-même, dans le soliloque ; par la pratique d'autrui, dans la vie commune ; par la pratique de l'univers, dans la recherche philosophique.

Il n'y a dès lors pas de difficulté à admettre que le goût du Beau, joint à la recherche de la Bienséance, s'il est cultivé comme il convient, dans la politesse des manières, dans la pratique des arts, non seulement se prolonge dans la recherche du Beau dans la Nature, dans l'ordre des choses, mais s'exprime aussi dans la vie morale comme la poursuite du Juste et du Bien. L'aptitude à la Bienséance et la perception du Beau supposent un travail sur soi : le savoir-vivre, précisément, qui réunit ensemble la politesse et la culture. Or, celui qui sait vivre et apprécier les belles choses, qui sait passer de l'harmonie qu'il trouve dans les œuvres de l'art à l'harmonie universelle de la Nature, apprend à apprécier les actions bonnes et à agir en conséquence, par une pareille action sur lui-même, une action qui a pour nom la moralité. Le Beau et le Bien s'associent dans le travail de l'âme sur elle-même et dans la pleine intelligence poétique des achèvements de la Nature, comprise elle-même comme un procès de formation[1]. Harmoniquement, le monde social et le monde moral, le monde moral et le monde naturel ne font qu'un : la même expérience vécue, sentie, pensée, de la finalité s'y répète. C'est pourquoi, le Virtuoso, homme de politesse et homme de goût, est aussi un

---

1. Pour une analyse plus savante de ce thème, voir L. Jaffro, *Éthique de la communication et art d'écrire, Shaftesbury et les lumières anglaises*, Paris, PUF, 1998, p. 173 *sq.*

honnête homme qui agit sachant ce qu'il se doit à lui-même et ce qu'il doit à autrui : il ne cherche pas son intérêt. Quant au Philosophe qui est un homme de recherche et qui désire être sage et bon, ne doutons pas qu'il puisse parvenir à cet état, mais ce sera en faisant de lui-même une œuvre par le dialogue intérieur et la réflexion sur la vraie nature des choses.

Ainsi la politesse qui est la compagne du Beau, n'est pas étrangère au Bien : la même sorte de disposition et de pratique conduit aux deux. Ce n'est pas dire que la politesse soit le Bien. Encore une fois, la politesse est le fait d'une société donnée et elle est indissolublement liée à une culture ambiante et au développement des arts. Elle n'a pas l'étendue à laquelle aspire la philosophie. Mais elle est déjà une pratique sur soi, de sorte que, non seulement, il y a en elle comme un achèvement esthétique, mais aussi comme l'amorce d'un perfectionnement moral, une fois qu'on en a rapporté les demandes et les valeurs à l'ordre universel de la Nature, à la place légitime de l'homme dans la Nature. Inversement, de la connaissance et de la pratique du meilleur on tirera de quoi grandir en politesse. «La justesse de la pensée et du style, le raffinement des mœurs, la bonne éducation et toute espèce de politesse ne peuvent venir que de l'épreuve et de l'expérience de ce qui est le meilleur » [1]. En ce sens, la politesse est une partie véritable du perfectionnement humain. Et la générosité sociale qui la caractérise est le premier mouvement de cette générosité plus vaste et tournée vers la communauté des hommes, qu'est en son fond l'existence morale.

---

1. Shaftesbury, *Lettre sur l'enthousiasme*, sect. 2, trad. fr. Cl. Grignon de Oliveira, Paris, Livre de poche, 2002, p. 123.

TABLE DES MATIÈRES

Imprimerie de la Manutention à Mayenne – Avril 2008 – N° 118-08

Dépôt légal : 2ᵉ trimestre 2008

Imprimé en France